KB124044

스무 살 딸에게 보내는
엄마의 부동산 투자 편지

스무 살 딸에게 보내는

엄마의 부동산 투자 편지

스무 살이 된 아이들은 자본이나 금융에 대해 모른다. 대학을 졸업해도 마찬가지다. 자본주의 사회에 살면서 진정한 '돈'의 의미를 모르고, 자본주의 시스템을 모른 채 노동에 집중할 뿐이다. 열심히 공부하고, 열심히 일하면 된다고 생각할 뿐이다.

그러다 어느 날, 학교 성적에만 집중하던 아이들은 갑자기 돈이 중요한 사회에 내던져진 걸 깨닫는다. 그래서 누구는 주식을 하고, 누구는 코인을 하고, 누구는 적금을 든다. 돈 공부를 하지 않은 채 돈을 벌고 모아야만 한다고 생각한다.

돈을 벌고, 모으고, 불리기 위해서는 '돈'이 무엇인지 제대로 알아야 한다. 통장에 돈을 모으면 그 돈이 그대로 부자로 만들어줄 것 같지만, 절대 그렇지 않기 때문이다.

나는 내 딸과 친구들이, 20대 아이들이 조금이라도 빨리 돈에 대해 제대로 알기를 바란다. 그리고 그 돈을 어떻게 모으고 불려야 하는지 알려 주고 싶었다.

이 책은 크게 자본주의와 금융에 대한 이해, 종잣돈 모으는 방법, 부동산투자 방법 등에 대해 20대 딸에 맞춰 이야기했다. 자본주의 사회에서는 열심히 일만 해서 절대 부자는커녕 집 한 채 마련하기도 힘들다. 자본주의 사회에서 돈의 속성을 파악하고, 그 길에 빨리 들어서는 것이 중요한 이유다.

책을 쓰는 동안 나의 과거가 주마등처럼 지나갔다. 그동안 애썼다고 나 스스로 토닥이면서 가난한 청년들이 나처럼 살지 않기를 바라는 마음이 절실해졌다. 나는 청년들이 맘껏 꿈꾸고 하고 싶은 일을 하며 살기를 바란다. 그렇게 살기 위해서는 경제적 자유가 필수다. 그런 면에서 이 책은 20대 청년들의 꿈을 위한 것이기도 하다.

아이들이 아니었으면 나는 여기까지 달려오지 않았을 것이다.
희연아, 소윤아, 도원아. 나의 딸과 아들로 와 줘서 고맙다.
그리고 살뜰히 나와 우리 가족을 보살피는 남편 전보기 씨에게도 고마움을 전한다.
덕분에 여기까지 왔고 앞으로 나아갈 수 있는 힘을 얻었음을 고백한다.

책까지 낼 수 있었던 것은 나의 가난한 과거와 가족 덕분이었다.
나는 이제 과거와 결별하고 뚜벅뚜벅 내 인생을 향해 걸어간다.

'꿈꾸는 부자'를 꿈꾸는 꿈부

10년 후
너의 경제적 성장을
기대하며

엄마의 어린 시절은 네가 들었던 것보다 더 가난했단다. 가난해서 불편한 정도는 지금의 너희들이라면 엄두도 못 낼 정도였다. 옛 동화처럼 쪼그려 앉아 아궁이에 나뭇가지로 불을 때서 밥을 지었다면 믿을까? 연탄 아궁이로 바뀌어서 너무나 편했다면? 지금의 너희는 연탄 구경은 하지도 못했는데 말이야.

연탄보일러로 교체하고 방 공사를 하던 날 외할머니 모습이 지금도 생각난다. 외할머니는 자식들을 더는 춥지 않게 키울 수 있게 됐다며 그야말로 비장한 표정을 지으셨지.

더이상 좋을 수밖에 없다고 생각한 연탄보일러는 그러나 제때 연탄을 갈아주지 않으면 불이 꺼지기 일쑤였고, 그걸 다시 살리기 위해 번개탄을 피워야 했단다. 그때마다 연탄가스 냄새는 코를 찔렀지. 그래도 나무를 구해 불을 피우는 것보다는 말할 수 없이 편했다.

냉장고가 없어서 여름에 냉장고가 있는 이웃집으로 얼음을 얻으러 가기도 했고, 만화 영화가 보고 싶어 친구네 집 마루 끝에 눈치 보며 걸터앉아 텔레비전을 보기도 했었지.

그런데 희연아.

이런 불편한 것들은 차라리 괜찮았단다. 쌀이 떨어져서 굶기도 했으니까. 라면 한 봉지도 살 돈이 없어 외할머니는 이 집 저 집으로 돈을 빌리러 다니기도 했단다. 물론 누군가가 금세 돈을 빌려줄 리도 만무했지. 그때 할머니의 마음이 어떠했을지 엄마는 사실 짐작조차 하기 겁난다.

그 시절의 외할머니는 돈 관리를 할 겨를이 없었다며 돈을 모으지 못했다. 5남매를 혼자 키우다시피 하다 보니 여유가 없긴 했겠지만, 쓰고 남는 돈을 모으려고 하다 보니 모을 겨를이 없었지. 지금 생각하면 외할머니도 돈 공부가 필요했다. 그랬다면 그렇게까지 가난해서 돈을 빌리러 다니지 않아도 살 수 있었을 텐데 말이야.

이번에 삼수를 한 희연이 너와 고3이었던 소윤이가 남들이 부러워하는 같은 학교에 입학하게 돼서 정말 기쁘다. 일한다고 다른 엄마들처럼 챙겨주지 못했는데 너희들의 합격 소식을 듣고 엄마는 고맙고 미안했단다. 그러면서 되돌아 생각했지. 네가 태어남으로써 엄마가 경험한 가난을 결코 너에게는 물려주지 말아야겠다고 결심했던 것을 말이야. 가난은 단순한 불편을 넘어선단다. 때때로 우리 사회에서는 멸시와 무시가 따르지.

기억하니? '치킨 먹는 날'. 치킨을 먹고 싶어 하는 너희 삼 남매에게 맘껏 치킨을 사줄 수 없었던 엄마가 날짜를 정해서 치킨 한 마리를 시켰던 날 말이야. 그날 너희들의 환호를 보면서 엄마는 너희들의 학비를 걱정하곤 했다. 어린 너희들이 한 상에 둘러앉아 서로 부딪친다며 짜증낼 때 엄마는 어린 시절 나를 보는 것 같아 밤에 잠을 이룰 수가 없었다.

엄마는 다니던 직장을 그만두고 대신 부자들이 어떻게 부자가 됐는지, 그들이 부자가 된 법을 공부하고 그들이 하라는 대로 따라 했다. 책을 읽으라면 읽고, 돈을 모으라면 모으고, 모을 돈이 없다면 투잡, 쓰리잡을 했다. 불리기 위해 투자를 하라면 투자를 하면서 자산을 조금씩 늘려갔다.

'부자'라고 하면 얼마나 많은 돈을 갖고 있어야 할까 모르겠지만, 엄마는 지금 너희 둘의 등록금을 한꺼번에 내는 것이 부담스럽지 않게 됐단다. 더 일찍 시작했으면 좋았을 텐데, 하는 아쉬움도 있지만 그 시간이 있었기에 지금이 있다고 생각하므로 감사하게 생각한다.

희연아. 엄마가 이 글을 쓰는 이유는 너의 경제적 자유를 위해서란다. 아르바이트로 번 돈을 어떻게 관리해야 효율적인가, 그것을 어떻게 모으고 불려야 하는가에 대한 지식과 경험을 가르쳐주면 너의 30대가 다를 것이고, 이후의 삶도 달라질 것을 엄마는 알기 때문이다. 자본주의 사회에 사는 우리가 알고 있는 돈의 진짜 의미와 그 돈을 자산화하는 방법을 엄마의 경험과 함께 알려주고 싶었고.

엄마의 경험들이 너의 돈 관리에 도움이 되길 바란다. 그리고 10년 후 너의 경제적 자유를 바란다. 자, 그럼 시작해 볼까?

차례

| 1장 |

자본주의의 진짜 비밀

자본주의의
진짜 비밀

돈은 빚이다

희연아. 제주에서 한 달 살기를 하면서 새해 첫날 떠오르는 해를 바라보는데 엄마는 마음이 벅찼단다. 어제와 똑같은 해가 떠오르는 것이었지만 제주도에서, 그것도 온 식구가 다 함께 한 달 동안 제주도에서 지낸다는 게 조금 믿기지 않았거든. 나도 모르게 돈이 좋네, 라며 혼잣말을 했지.

돈이란 것이 꼭 행복을 보장하는 것은 아니지만, 천정에서 쥐들이 뛰어다니는 소리를 들으면서 7명의 식구가 한방에서 잠을 자야 했던 엄마는 분명하게 말할 수 있단다. 돈이 없으면 불편하고 불행하다고. 그 시절, 엄마는 행복하지 않았다고.

희연아. '우리가 사는 사회는 자본주의 사회다'라는 것은 학교에서 배웠지? 그런데 책에서 만난 자본주의 사회가 진짜 내 생활에서 어떻게 영향을 미치고 있는지 자본주의의 실체는 잘 모를 거야.

사실 엄마도 뒤늦게 투자를 시작하기 전까지는 몰랐단다. 자본주의 사회에 살면서도 자본주의가 뭔지, 그 사회에 살면서 돈이 얼마나 중요한지, 돈이 어떻게 만들어지고 흘러가고 있는지 몰랐던 거지. 자본주의 사회에 살면서 돈이 돌아가는 시스템을 몰랐다니, 엄마도 참 딱했지. 그러면서 세상에 대한 불평, 부자들에 대한 불만을 늘어놓는 사람 중 하나였다. 마흔한 살에 비로소 자본주의에 대해 공부하면서 나 자신이 부끄러웠단다.

자본주의의 사전적 의미를 요약하자면 사유재산제에 바탕을 두고, 모든 재화에 가격이 성립되어 있으며, 이윤획득을 목적으로 상품생산이 이루어진다는 것이다. 거기에 노동력이 상품화되는데, 생산은 전체적으로서 볼 때 무계획적으로 이루어지고 있다고 적혀 있다.

도대체 무슨 말이야, 하고 있을 네 표정이 보인다. 학교에서 외우라고 해서 외우긴 했는데 말이지. 도대체 이 말이 내 돈을 모으고 불리는데 어떻게 영향을 준다는 건지 뜬금없기도 할 테고. 그러나 이 책을 읽다 보면 비로소 그 뜻을 알고 웃음을 지을 거야.

자본주의에서 돈은 빚이란다. 빚은 신용과 이자가 뒤따르는 것이고. 돈이 빚이라니, 네 눈이 더 커지는구나.

네 지갑에 지금 얼마가 들어있는지 한번 보렴. 뭐? 네 지갑엔 단 한 푼도 없다고? 이럴 때 엄마는 세대 차이를 느낀단다. 엄마 지갑에는 만 원권과 오만 원권 몇 장이 들어 있어. 엄마는 현금이 없으면 왠지 불안하거든. 그런데 아마도 엄마처럼 돈을 갖고 다니는 사람이 요즘은 더 이상한 사람일 거야. 대부분은 카드를 사용하기 때문이지. 심지어 카드조차 갖고 다니지 않기도 하지. 휴대전화에 들어간 카드를 사용하니까 말이야.

현금을 갖고 있다면 커피 한 잔을 먹더라도 바로 현금을 내야 하는데, 카드는 사용 후 한 달에 한 번 결제하지. 이런 소비 활동이 가능한 건 신용을 기본으로 다져진 상태이기 때문이란다. 결국, 그 한 달 동안은 빚을 낸 것과 같지. 너의 어린 막냇동생이 레고를 사달라고 할 때마다 엄마가 돈이 없다고 하면 '카드 있잖아' 하고 떼쓰는 것은 카드 대금이 한꺼번에 나간다는 걸 모르기 때문이겠지.

돈의 흐름을 '통화'라고 한다. 현금이 오가는 것은 보이는 통화야. 그러나 보이지 않는 통화가 있어. 보이지 않는 통화로 인해 돈의 양이 점차 느는데, 그 이유 중 가장 큰 이유는 빚이다. '빚'이라고 하면 나쁜 이미지가 있어 빚지고 살면 안 되는 줄 아는 사람들이 일반적이지.

그런데 생활 속에서 빚이란 것과 떨어져 생활하고 있는지 잘 생각해보렴. 차를 살 때도 할부를 이용하고, 집을 살 때는 당연히 대출을 이용한다. 대출을 있는 힘껏 영혼까지 끌어모은다고 해서 '영끌'이란 말까지 생겨났지. 내가 아는 부자 중 빚이 없는 부자는 없단다. 빚을 기회비용으로 삼아 어떻게 이용할 것인가를 고민하는 사람들이 대부분이지.

그러나 은행이 아무에게나 대출을 해주지는 않는다. 은행은 철저히 이윤을 추구하는 기업이니까. 이때 보는 것이 신용과 담보다.

신용이 있거나 담보(집이나 건물, 토지 등)가 있는 사람들에게 은행이 많이 대출해줄수록 시중의 돈은 늘어난다. 결국, 돈은 신용을 눈으로 볼 수 있게 하는 것이라고 할 수 있지. 아쉬운 건 그 신용이란 것이 열심히 산다고 인정해주지 않는다는 것이다. 각자의 경제력에 따라, 학력에 따라 카드 한도도 달라지고, 대출의 정도가 달라진다. 그게 신용이다. 월급 이체, 대출 이자 같은 작은 신용들이 모여서 더 큰 신용을 얻게 된다.

엄마도 대출을 받고 은행에 이자를 지급한다. 우리가 내는 이자는 은행 소득의 일부로 충당을 하거나 다른 대출을 받아서 충당하지. 은행은 은행이란 타이틀을 가진 기업이기 때문에 결코 손해 보거나 위험한 장사는 하지 않는다.

'열심히 일한 자여 떠나라.'

2000년대 초반 유행한 카드 광고 문구다. 이 광고를 따라 하면서 본인의 소득과 신용은 생각하지 않고 마구 카드를 긁다 신용불량자가 된 사람들이 많았다. 카드회사에서도 개인 신용을 보지 않고 카드를 발급해준 잘못이 없진 않았지만, 결국 여러 개의 카드를 돌려막다가 파산을 하고 개인회생을 신청하는 사람들이 많았다.

빚이 무언가를 사거나 시작할 기회가 될 수 있지만, 빚 관리를 하지 못한다면 평생 지우지 못할 나락에 빠질 수 있으니 너의 상환능력을 고려하면서 빚을 이용해야 한다. 이 내용은 뒤에서 한 번 더 자세히 이야기하기로 할게.

이렇듯 신용과 빚은 통화량을 늘린단다. 늘어난 통화량이 어디로 향하는지를 읽어내는 능력을 키우는 것이 부자로 가는 방법이다.

다시 한번 요약해서 말하자면, 자본주의 사회에 사는 우리는 신용과 이자, 빚과 이자의 관계를 이해하고 신용을 잘 관리해야 한다는 것. 그러기 위해서는 돈 관리 방법을 공부해야겠지?

2

물가는 내리지 않는다

희연아, 이제 대학생이 되었으니 20대의 싱그럽고 활기찬 추억을 많이 쌓길 바란다. 오늘 하루가 너에게 주어진 시간이라는 것을 잊지 말렴. 어제는 지난 시간이므로 후회하는 데 시간 쏟지 말고, 내일은 어떻게 올지 모르기에 두려워하는 데 힘 빼지 말고, 오늘을 살길 바란다. 그런 오늘들을 모아서 한 해를, 내년 한 해를 채워갔으면 좋겠구나. 아, 이런 말을 하려고 한 건 아닌데 오늘이 설날이다 보다 보니 나도 모르게 말이 막 나오네. 너에겐 잔소리 같은 말일 텐데 말이야.

2022년 1월 24일 통계청에 따르면, 작년 연간 소비자물가

상승률은 2.5%로 2011년(4.0%) 이후 10년 만에 가장 높았다. 특히 '밥상 물가'라고 불리는 식료품·비주류 음료(5.9%)와 교통(6.3%) 물가가 10년 만에 가장 높은 상승률을 보였다. 농축산물과 가공식품 가격, 차량 연료 가격이 크게 올랐기 때문이다. (2022년 1월 25일자 조선일보 기사 중에서)

설을 앞두고 뉴스에서는 설날물가에 대한 소식이 많더구나. 과일, 고깃값은 물론이고 김밥이며 채소들까지 안 오른 게 없다고 말이야. 그런데 생각해보면 작년 설, 추석 때도 이런 뉴스가 나왔었다. 어느 명절에나 팟값이 너무 올랐네, 양팟값이 너무 올랐네 하는 뉴스들이 나왔다. 물론 너는 그런 뉴스에 관심이 없었겠지만 말이야.

사람들은 이런 뉴스 앞에서 다들 이렇게 투덜댄다.

'뭐야, 안 오르는 건 월급뿐이네.'

	치솟는 밥상 물가 식료품 및 비주류 음료 전년 대비 물가상승률									
6%										5.9
4	4.0									
					3.4					
2				1.6						
0								0		
	2012	2013	2014	2015	2016	2017	2018	2019	2020	2021

<통계청>

급여 생활자는 절약한다고 하지만 아무리 줄여도 고정지출을 줄이긴 힘들다. 우리 집 같은 경우는 공과금과 이자, 학원비 같은 지출이 고정지출이란다. 그런데 이런 것마저 오르고 있는데 성과급을 많이 주는 몇몇 대기업을 빼고는 월급이 그대로인 경우가 대부분이니 집안 경제가 마이너스인 집들이 늘고 있는 거지.

너희들은 어느 곳에서 물가가 오르고 있다는 걸 느끼는지 모르겠지만, 친구들과 마시는 커피값, 과잣값, 밸런타인데이 초콜릿값 등을 비교해 보면 엄마의 말이 좀 실감 나지 않을까 싶다.

그런데 이 물가라는 것이 내려간 적이 있을까? 정부는 늘 말한다. 물가를 안정시키겠다고. 하지만, 물가는 매년 오를 수밖에 없다. 물론 정부에서는 안정을 시키려고 노력하지. 하지만 그 노력이란 건 급하게 오르지 않게 조율한다는 의미이지, 올라가는 물가를 끌어내리겠다는 의미가 아니란다. 자본주의 세상에서는 절대 물가가 내려갈 수 없다.

가격은 수요와 공급의 법칙에 따라 결정된다. 그러나 물가는 수요와 공급의 법칙으로 설명할 수 없다. 물가가 계속 오르는 비밀은 바로 '돈의 양'이 많아졌기 때문이다. 돈의 양이 많아지면 돈의 가치가 하락하게 되고 결과적으로 물가가 오르게 된다.

빵의 양이 많아지면 빵의 가치가 하락하듯 돈의 양이 많아지면 돈의 가치가 하락하고, 반대로 물건값이 오른다. '물가가 오른다'라는 말의 진짜 의미는 물건의 가격이 비싸졌다는 것이 아니라 '돈의 가치가 하락했다'는 것이다. (EBS 다큐프라임 '자본주의' 중에서)

따라서 정부는 물가상승의 속도를 조율할 수는 있지만, 물가 자체를 낮추거나 고정할 수는 없단다. 정부는 공공요금억제, 세금혜택, 유통구조의 단순화를 통해 물가안정대책이라고 꺼내놓긴 하지만 그것으로 자본주의 시장원리를 막을 수는 없다.

해마다 정부에서는 예산을 발표하는데 한 번도 그 예산의 양이 줄어든 적이 없다. 돈의 양이 계속 늘고 있다는 거지. 점점 돈이 덜 귀해지는 것이다.

통장에 현금을 넣어놓거나 전세로 살게 되면 숫자로 쓰인 그 현금을 지킨다고 생각하는 사람들이 많다. 그런데 이렇듯 돈의 양이 늘어나면 과잣값도 오르는데 집값이 가만히 있을까? 물가가 오르는 만큼 통장에 있는 돈은 가치가 떨어지고 있는 것이다.

사람들은 모두 열심히 일한다. 하지만 이 자본주의 사회에서 물가가 떨어지지 않는 이유를 이해하지 못한다면 결코 돈을 지키지 못한다. 내가 누울 집 한 칸에 대해 아쉬움을 지니고 평생을 살게 된다.

희연아, 물가가 왜 내려가지 않는 이유를 조금은 이해했다면 다음은 돈이 어떻게 늘어나는지에 대한 공부를 해볼까? 네 통장에서 커지는 숫자의 돈 말고.

3

진짜 돈은 보이지 않는다

오늘 우리는 따라비오름을 다녀왔다. 파란 하늘 아래에서 은빛 물결로 흔들리는 갈대숲을 보면서 우리는 입을 다물지 못했지. 설 연휴가 끝난 직후, 예년 같으면 엄마는 출근해서 잔금 치르고 계약서를 쓰는 등 밀린 일들을 처리하느라 정신없었을 텐데, 올해는 제주의 아름다운 길을 너와 함께 걷는구나.

오후에는 운전면허학원에 갔다. 제주에 있는 동안 운전면허증을 따고 가겠다는 너와 함께 학원에 가서 엄마 카드로 학원비를 결제했지. 학원은 강의를 팔고 우리는 강의내용을 샀지만 우리는 돈을 주고받지 않았다. 카드를 긁었을 뿐. 물론 그 결제 대금은 한 달 후 청구서가 날아오면 엄마 통장에서 자동으로

빠져나가지.

앞에서 말한 것처럼 결제 대금은 한 달 동안 엄마에게 빚이고, 그 카드는 엄마의 신용을 바탕으로 카드회사가 엄마에게 발급한 것이다. 만약 엄마에게 신용이 없다면 카드회사가 한 달간의 무이자 돈을 빌려주지 않았을 거야.

몇억짜리 집을 사고팔면서도 현금이 오가는 일은 거의 없단다. 사는 사람의 통장에서 파는 사람의 통장으로 이체하고, 그것을 확인하는 것으로 끝나지.

집을 구매할 때 은행에서 대출을 받아도 마찬가지다. 은행에서 구매하는 사람 통장에 돈을 넣어주면 그것으로 끝이다. 집을 산 사람의 신용과 담보로 빌린 돈이 현물인 집과 교환이 된 것이다. 그래서 '자본주의에서 돈은 빚의 이동'이란 말을 하기도 한단다.

돈이 이렇듯 보이지 않게 흐르고 있다는 걸 생각해본 적이 있을까? 아마 세뱃돈 받을 때 보는 지폐의 색깔이 무엇인지에 관심이 많았겠지? 그러면서 조폐공사에서 찍어내는 게 돈이라고 생각했을 것이고.

하지만 위에서 보듯 돈은 보이지 않게 돌아다니는 양이 훨씬 크단다. 은행과 정부의 합작이라고 할 수 있지. 앞에서 살짝 맛보기 한 내용을 좀 더 자세히 설명해줄게.

은행은 중앙은행에 의무적으로 적립해놓아야 하는 비율이 있다. 이것을 지급준비율이라고 한다. 적어도 이 정도 비율은 들고 있어야 언제든지 고객에게 돌려줄 수 있다고 하는 일종의 예비비용이다. 하지만 지금은 이 비율을 조절하면서 시중에 풀리는 돈의 양을 조절하고 있다. 이런 것이 바로 금융정책이다.

조금 어려운 용어가 나오니까 어렵고 따분하겠지만 부자가 되고 싶다면 반드시 알아야 할 것이므로 눈을 크게 뜨고 읽기를 바란다.

은행에서 지급준비금을 만들어 놓는 이유는 '뱅크런방지'를 위해서다.

은행은 본인들이 가지고 있던 현금과 고객들의 예·적금 및 투자금액으로 대출을 해준다. 그리고 이자를 받지. 그 이자를 고객들과 나누다 보니 은행은 좀 더 많은 대출을 하고 싶어 한다. 그래도 고객을 보호하고 바로 돌려주기 위해서는 항상 은행에 준비해두는 지급준비금이 필요하다.

지급준비율을 조절하는 곳은 중앙은행이다. 중앙은행에서는 지급준비율을 조절하면서 시중에 돌아다니는 돈의 양을 늘렸다 줄였다 하지. 지급준비율을 높이면 중앙은행에 적립할 돈이 많아지니까 시중의 돈이 줄어들고, 낮추게 되면 늘어나게 되는 것이다.

100	90	81
	-10%	

위 그림은 지급준비율을 10%로 가정할 때 은행이 만들어내는 보이지 않는 돈을 설명한 것이다. 처음 은행에 100억이 들어오면 은행은 지급준비율 10%인 10억을 남기고 90억을 대출해줄 수 있단다. 그 90억은 보이지 않는 신용으로 만들어졌다고 해서 신용통화라고 하는 것이고.

그 90억이 새로운 A 은행에 들어오면, A 은행은 다시 지급준비율 10%인 9억을 남기고 81억을 대출해줄 수 있다. 다시 81억의 보이지 않는 신용통화가 생기는 거지. 은행은 이런 식으로 보이지 않는 돈을 계속 만들어내고 있단다. 그러면서 이자를 받으면서 수익도 챙기고 있고. 은행이 기업이란 말 기억하지? 은행이 만드는 돈을 어떻게 활용하느냐에 따라 부자와 빈자로 나뉜다.

이제 돈이 뭐냐고 물었을 때 눈에 보이는 지폐, 통장에 찍히는 숫자만으로 알던 생각이 좀 달라졌으면 좋겠다. 돈의 양이 어떻게 늘어나고 화폐가치가 왜 떨어지는지 이해가 좀 되었을 테니 말이다.

지금은 보이지 않는 돈으로 돈의 양이 늘고 있다. 더욱이 코로나 19 이후로 각 나라에서 찍어낸 현금의 양도 만만치 않다. 우리가 모르는 사이 돈의 양이 팽창하면서 빚이 늘어나고 있는 것이다. 돈의 양이 늘어난 걸 유동성 증가라고 한다. 이렇게 유동성이 증가하면 어떤 현상이 일어나는지도 알아보자.

4

아껴서 부자 되지 않는다

희연아, 지금은 늦은 밤이야. '제주도의 푸른 밤'이란 성시경의 노래를 들으며 밤하늘의 별을 한참 보고 들어왔다. 바람은 차가웠지만, 시원해서 가슴이 뻥 뚫리는 듯했다. 이 여유를 즐기는 것이 실감 나지 않아 내 볼을 몇 번인가를 꼬집어 보기도 했지. 새벽부터 밤늦도록 아무리 열심히 일해도 아무런 희망이 보이지 않았던 시간이 주마등처럼 지나갔다.

이번 글에서는 어떻게 투자금을 만들어서 투자했는지에 대한 사례들을 설명할게.

어떤 재테크 책을 봐도 투자의 기본은 종잣돈이므로 종잣돈을 만들라는 말을 한다. 종잣돈이 만들어져야 투자를 한다면서, 긴축의 고통은 종잣돈이 모일 때까지 필수라고들 하지. 수입의

50% 이상을 저축해라, 절약하고 또 절약해라, 통장을 쪼개라, 쪼개서 적금 풍차 돌리기를 하라, 가계부는 꼭 작성하라 등등 하라는 게 참 많다. 부자들이 그렇게 했다는 말과 함께.

선 저축 후 소비. 좋은 말이다. 특히 2, 30대 초반 사회초년생일 때는 모아야 하는 시기다. 이런저런 경험을 통해 본인만의 투자 스타일을 만드는 시기이기도 하다. 하지만 엄마는 그 모으는 동안 경기가 좋아지고 부동산 시장이 상승 중이라면 기회를 잃는 시간이라고 생각한다.

엄마가 처음 중개업을 시작한 것은 2014년이었다. 그 이전 해부터 부동산시장은 상승기로 접어들었다. 당시 화성시 동탄 입주를 앞두고 있어서 수원시 영통의 매매와 전세 차이가 그리 크지 않았다. 투자 공부를 많이 하지 않았던 때, 엄마는 갭이 작은 영통의 아파트를 한 채 두 채 사들였다. 물론 엄마는 종잣돈이 없었다. 대신 대출을 받았다. 신용대출을 받고, 담보대출을 받고, 심지어 보험약관대출까지 이용했다.

그때 부동산을 매수하지 않고 종잣돈을 모은다고 이리 아끼고 저리 아끼고만 있었다면 지금과 같은 휴식시간은 가질 수 없었을 것이다. 이자 내는 것이 힘들긴 했지만 엄마는 버텼단다. 이자보다 높은 수익을 내면 된다 생각했거든. 그리고 정 안되면 그때 팔면 된다고 생각했고.

엄마처럼 빚으로 갭투자를 하는 것도 한 방법이지만, 또 한 가지 좋은 방법은 빨리 자녀에게 증여하는 것이다. 물론 콩나물값 아껴가며 어떻게 하면 집 한 채를 마련할 수 있을까 고민하는 사람들에게는 이 말이 몹시 거부감이 들 것이다. 하지만 부동산 규제가 커지면서 시간의 이익이 투자수익 중 가장 크다는 걸 경험한 부모세대들은 그 경험을 자식들에게 일찍 알려주고 있다. 물론 일찍부터 돈맛을 알면 안 된다는 사람들도 있긴 해. 그런 경우, 자식으로서는 조금 아쉬운 일일 것이다.

자녀에게 증여할 때도 증여세를 내야 한다. 다만, 미성년자는 2천만 원, 성년인 경우 10년마다 5천만 원까지는 세금 없이 증여할 수 있다. 그래서 그 5천만 원을 가지고 자녀에게 집을 사주는 부모들이 늘었다. 하지만 방법을 알려줘도 두려워서 못하는 사람들도 많단다. 집값이 조금 내려가면 더 떨어질까 봐못 사고, 집값이 다시 오르면 곧 떨어질 거라며 떨어지면 사겠다고들 하지.

엄마가 만난 한 손님은 딸에게 증여한 5천만 원 중 3천만 원으로 2021년 초 수원시 권선동의 24평 아파트를 전세 끼고 매수했는데 그새 가격은 2억 원 가까이 올랐다. 나머지 2천만 원으로 매수한 전북 익산의 분양권은 프리미엄이 3천만 원 이상붙었고. 만약 딸이 월급으로 5천만 원을 모을 때까지 기다렸다면 그 기회를 못 잡았겠지. 지금은 그곳의 매매가와 전세가의 격차가 거의 2억 원이다. 5천만 원을 모았다 해도 매수할 엄두가 나지 않게 된 것이지.

대출이 싫어서 그 돈을 지킨다는 착각으로 기회의 시간을 버리고 있는 그들은 절대 부자가 될 수 없단다. 왜냐하면 그들은 그 돈이 모이면 집값이 올랐다고 사지 못하기 때문이다.

종잣돈을 모으기 위한 절약, 저축도 중요한 습관이다. 아니, 종잣돈을 모으기 위한 목적이 아니더라도 불필요한 소비는 하면 안 되지. 그 정도는 알 거라 믿는다. 엄마가 말해주고 싶은 건 시간을 사라는 것이다. 내가 지급할 수 있는 만큼 이자를 계산해보고, 그 이자보다 더 높은 수익을 올린다는 계산을 한다면 바로 실행해야 한다는 것. 그래야 시간을 단축할 수 있다.

궁색하게 아낄 생각으로 가계부 앞에서 계산기를 두드리는 게 아니라 시간을 살 방법을 고민하고, 그 이자를 넘는 수익을 가져올 대상을 찾는 것. 무엇이 더 중요한지 알겠지? 똑같은 월급을 받고 저축만 하는 친구와, 다니고 있는 회사의 타이틀을 이용해서 신용대출로 집을 매수한 친구의 자산 차이는 말을 안 해도 알 것이다.

희연아. 종잣돈을 모으는 데만 너무 초점을 맞추지 말길 바란다. 대신 시간을 살 방법을 찾아라.

투자는 실패도 따른다

투자는 선택이 아니라 필수라고 했지? 그런데 그 투자를 공부하지 않고 하다 보면 여러 시행착오를 겪게 돼. 누가 코인 해서 돈을 벌었다고 하면 코인을 기웃거리고, 경매해서 돈을 벌었다고 하면 경매 관련 유튜브를 찾아보고, '누가 뭐래도 주식이지!'라는 말을 들으면 또 주식 관련 책을 뒤적여보는 것.

처음에는 누구나 그렇게 남의 돈 번 이야기에 휘둘리게 된단다. 그래서 공부가 필요한 것이다. 그 공부에 조언을 해주는 좋은 멘토를 만나는 것도 중요하다.

엄마가 처음 투자를 시작한 것은 2014년이었다. 정말 어렵게 어렵게 모은 돈과 대출을 이용해서 6천만 원을 만들었는데,

서울 근교 도시의 빌라 월세 세팅이라는 방법을 권하는 강의를 듣고 실행했다. 만약 서울 아파트에 갭투자를 했다면 좀 더 빠르고 큰 이익을 얻을 수 있었을 것이다. 아파트가 아니더라도 서울의 빌라였다면 매도하기라도 편했을 테고. 엄마의 첫 투자는 그냥 월세를 받아 이자만 내는, 거의 움직이지 못하는 돈이 되었단다. 지금은 앞으로 10년쯤 뒤 재개발이 되면 좋겠다고 생각할 뿐이다.

얼마 전에 한 30대 초반 청년이 공시가 1억 이하 아파트를 매수하면서 엄마 사무실을 찾아왔다. 이 청년이 잘한 것은 투자를 해야겠다 결정한 것이고, 잘못한 것은 공부 없이 기획부동산을 찾아간 것이었다.

이 청년은 이미 기획부동산에서 권하는 지분 쪼갠 땅을 두 개나 사고, 중소도시의 갭이 큰 아파트를 매수한 상태였다. 그런데 약간의 돈이 더 있어서 그걸로 공시가 1억 이하의 아파트를 매수하고 싶어 했다.

엄마는 그 청년의 말을 듣고 안타까웠다. 갭이 큰 아파트는 공급이 많은 도시라서 오르는 데 한참 걸릴 것 같았고, 지분 쪼갠 땅은 수익을 내기가 쉽지 않기 때문이다.

기획부동산이라는 곳은 마치 경제적인 이득을 많이 얻을 수 있을 것처럼 조작하여 투자자들로부터 부당한 이득을 얻는 행위를 하는 중개업자나 업체다. 제일 많이 하는 것이 가치가 없는 땅들을 쪼개서 지분으로 사게 하는 것이다. 무슨무슨 개발계획으로 땅값이 크게 오른다면서 말이다.

기획부동산과 또 조심해야 할 것이 컨설팅업체다. 컨설팅업체는 컨설팅비를 받고 컨설팅과 함께 오를 만한 부동산을 사주면서 돈을 받는 업체들이다. 유튜브에서 전문가라고 나오는 사람 중 웬만한 사람들은 이런 컨설팅을 한다고 보면 된다. 불법인 건 아니지만 정말 전문가인지 판단을 해야 한다. 결과적으로는 컨설팅을 받는 사람에게 책임이 있는 것이므로.

엄마는 기획부동산도 컨설팅업체도 권하고 싶지 않다. 특히 요즘은 정보가 워낙 많아서 휘둘리기 딱 좋은 환경이므로 더 조심해야 한다. 네가 공부하고 실행하면서 직접 배우는 것이 진짜 공부이기 때문이다.

엄마에게 이런저런 말을 들은 청년은 공급이 많은 도시의 분양권과 기획부동산에서 매수한 토지를 매도하는 등 포트폴리오를 다시 짜야겠다고 하더구나. 공부를 하면서 팔 것과 지킬 것, 언제쯤 매도하는 게 좋을지 알아보고 다시 상의하러 온다면서 말이야.

투자하면서 만난 사람들 이야기를 듣다 보면 다들 시행착오를 겪었다. 처음부터 모두 성공한 투자를 한 게 아니라는 것이다. 다행히 원금은 건졌다는 투자자들이 얼마나 많은지, 너도 실제 발로 뛰어다니다 보면 알게 될 것이다.

투자를 시작할 때는 누구나 떨리고 두렵단다. 그러나 그 마음들을 누르고 그래도 실행한 사람들은 용기가 대단한 것이다. 그리고 그 용기를 살리는 일은 끝없는 공부밖에 없다. 엄마는 네가 누군가의 성공담에 휘둘리지 않았으면 좋겠다. 성공담은 많아도 실패담은 없다. 너만의 공부로 너만의 기준을 가지고 직접 경험하면서 너만의 자산 불리기를 이어가길 바란다.

금융상품의
진짜 비밀

1

은행은 기업이다

　희연아, 오늘 네 동생 소윤이가 은행 수수료에 대해 투덜대더구나. 소윤이는 이체수수료가 나가는 게 아까워서 될 수 있는 대로 카카오페이를 이용한다고 말했지. 그 모습을 보면서 지난번 은행에서 봤던 할아버지가 생각났다. 자녀에게 돈을 이체하면서 수수료가 3천 원이라고 하자 할아버지도 수수료가 비싸다며 궁시렁대셨거든.

　컴퓨터나 휴대전화를 이용한 스마트금융보다 수수료가 더 비싼 걸 보고 엄마도 사실 깜짝 놀랐다. 스마트금융을 이용하는 소윤이도 수수료가 비싸다고 투덜대는데 스마트금융을 이용하지 못하는 노인 세대는 수수료 부담도 만만치 않겠다 싶었다.

순서를 기다리면서 은행에 오래 앉아 있다 보니 이번에는 어떤 손님이 창구에서 펀드를 가입하는 것이 보였다. 창구 직원은 지난해 수익률이 높았다는 한 펀드를 권했다. 그런데 그 상품이 과연 그 손님에게 최선의 상품일까 하는 생각이 들었다. 어쩌면 그들의 프로모션 때문에 권하는 상품이 아닐까 하는 의심마저 들었다.

'은행은 맑은 날에는 우산을 빌려줬다가 비가 오면 우산을 걷는다.'

『허클베리 핀』으로 유명한 미국의 소설가 마크 트웨인이 한 말이다. 은행은 냉정한 곳이다. 사채회사의 운영 원리와 비슷한데 좀 더 정당성을 더한 기업이라고 해야 할까?

그럼 과연 은행은 누구를 위해 존재하는 걸까? 자본주의 사회에 살고 있다는 걸 다시 되새겨보길 바란다. 자본주의 사회는 말 그대로 자본이 축이 되는 사회다. 자본의 축은 금융이다. 그렇다면 금융과 가장 밀접한 곳은 어디일까? 그래, 바로 은행이다.

은행은 우리가 돈을 맡기는 곳이다. 너희들 세뱃돈부터 엄마 아빠의 급여까지 안전하게 지켜줄 것이라고 믿으면서 우리는 은행에 돈을 맡긴다. 사람들은 은행이 우리 돈을 안전하게 지켜줘서 고맙고 다행스럽다고 생각한다. 그런데 은행이 정말 우리를 위해 존재하는 곳이 맞는지 생각해보자.

은행은 앞에서 말한 것처럼 이체할 때도 비싼 수수료를 받고, 대출받은 사람들에게서 이자를 받고, 펀드상품을 판매하면서 또 수수료를 받는 등 이윤을 추구하는 기업이다. 이윤추구, 즉 은행은 돈을 벌기 위해 존재하는 곳이다. 은행은 우리를 위해 있는 것일까? 아니면 은행 그들을 위해 있는 것일까?

나는 은행에 돈을 맡기러 가기보다 대출을 받거나 연장을 하기 위해서 간다. 은행에서는 돈을 맡기는 고객보다 이자를 내주는 나를 더 큰 고객으로 생각하는 것 같다. 내가 창구에서 기다리는 시간이 남들보다 덜할 때가 많기 때문이다. 왜일까? 그들이 볼 때 나는 은행에 돈을 벌어주는 사람이기 때문이다.

은행은 대출을 통해서 돈을 버는 비중이 크다. 돈을 빌려주고 그 이자로 돈을 버는 것이다. 그런데 재미있는 것은 그 돈이 은행 돈이 아니란 것이다. 물론 은행 돈이 약간 있긴 하지만 말이다.

사람들이 은행에 열심히 적금을 불입하고, 정기예금을 통해 큰돈을 맡겨놓으면 은행은 그 돈을 가만히 금고에 모셔놓고 있을까? 그런 줄 알았다면 정말 큰 착각을 하는 것이다.

며칠 전 3년짜리 적금을 탄 이모는 그 돈을 다시 정기예금으로 넣었는데, 이자가 불과 1%대라고 말했다. 은행에서는 이모

돈을 가만히 금고에 넣어 두는 것이 아니다. 은행은 이모와 같이 은행에 맡긴 사람들의 돈을 나처럼 대출을 받으러 온 사람들에게 3% 후반대의 금리로 대출을 해준단다. 요즘은 금리가 올라서 이보다 더 높은 금리로 대출을 해준다.

결국 은행은 돈을 맡긴 사람에게는 1%대의 이자를 주면서 돈을 빌리는 사람에게는 3%대의 이자를 받는 것이다. 은행은 그 차이만큼 이윤을 남기는 것이고. 이것을 '예대마진'이라고 한다.

중앙은행에서 기준금리를 내린다고 해도 은행에서는 금세 금리를 내리지 않는다. 그러나 대출금리를 올릴 때는 벼락처럼 올린다. 그렇게 예대마진을 키우는 은행 수익은 실로 어마어마하다.

희연아, 우리가 은행에 맡겨놓은 돈은 절대 쉬지 않는다는 것을 명심하길 바란다. 은행은 계속해서 돈을 돌리는 곳이다. 누군가에게 대출을 해주고 이자 수입을 늘리는 것이다. 은행이 이윤 창출이란 기업의 목적을 위해 얼마나 충실한지 생각하길 바란다.

이렇게 돈을 계속 돌리다 혹시라도 맡긴 돈을 찾으러 오는 사람에게 돈을 돌려주지 못하는 건 아닐까, 하는 생각도 들지? 그런데 앞에서 설명했듯 은행은 항상 지급준비금을 준비하고 있다. 그리고 사람들이 한꺼번에 돈을 찾아가는 일은 없으므로 은행은 절대 망하지 않고 오늘도 많은 수입을 올리고 있다.

이제 은행이 은행을 위해 존재하는 기업이라는 것을 이해하겠지? 은행이 대출 이자와 각종 수수료를 통해 돈을 번다는 것도 말이야.

오늘 엄마가 거래하는 은행에서 전화가 왔더구나. 마이너스 통장이 만기가 됐으므로 연장하라고. 다만 금리는 그 전보다 많이 올랐다고 하더구나. 엄마가 그 마이너스 통장을 쓰게 된 것은 판교의 한 오피스텔을 구매할 때 받은 대출금이었다. 이익 면에서 엄마가 이겼을까, 은행이 이겼을까? 그만큼의 돈을 그 은행에 맡긴 다른 고객이 이겼을까?

2

보험회사도 기업이다

오늘은 아침에 일어나기 바쁘게 운전면허학원으로 달려갔다. 운전면허를 따게 되면 너는 운전을 하게 될 텐데, 그렇다면 자동차보험을 들어야 한다. 운전은 사고 위험에 대한 확률이 높다 보니 자동차보험은 운전자라면 꼭 가입해야 할 보험이다. 그러다 문득 내가 든 보험목록을 생각해보니 꽤 많다 싶었다. 이게 다 필요한 보험일까 하는 생각이 들기도 했고.

엄마가 든 대부분의 보험은 사실 지인들로부터 권유받아 든 것들이다. 거절을 잘하지 못하다 보니 아는 사람들이 보험가입서를 들고 와서 이건 꼭 필요하다고 말하면 묻지도 않고 그냥 믿고 사인을 했다. 아주 잘못한 것들이지.

"아이가 셋인데 아이들 교육비는 어떻게 대비하실 건데요?"

"아이들 아플 때 그래도 기댈 곳은 보험밖에 없어요."

"이제 점점 나이 들고 아픈 곳이 하나둘 늘어날 텐데, 암보험은 기본이고 종신보험도 필요합니다. 실손은 있죠?"

보험중개사의 말을 듣다 보면 다 맞는 말이다. 대학 등록금도 한꺼번에 내려면 부담스럽고, 갑자기 큰 병이 난다면 병원비도 만만찮고. 그런 데다 내 형편을 빤히 아는 사람이 그렇게 말하면 정말 필요한 것 같다는 생각이 든다.

그런데 희연아. 보험회사는 앞에서 설명한 은행과 다를 바없는 기업이란다. 결코 우리를 위해 일하지 않는다. 그렇게 좋다고, 꼭 필요한 보험이라고 가입신청서를 내밀었던 사람들도 막상 사인을 받아가면 내가 어떤 보험을 들었는지조차 기억을 못 하는 경우가 있었다. 그들 역시 가입신청서를 회사에 제출함으로써 수수료만 챙기기 때문이다.

은행, 보험회사, 증권회사 등 모든 금융기관은 모두 똑같이 이윤 창출을 위해 일하는 기업으로 절대 우리를 위해 일하지 않는다는 걸 다시금 기억하길 바란다.

아마, 지금의 엄마라면 보험을 권유하는 지인들의 말에 휘둘리지 않았을 것이다. 맞벌이하면서 가난은 벗어났지만, 그래도 여유롭지 못하다 보니 엄마의 미래는 항상 불안했다. 그런데 엄마의 그 불안한 마음을 지인들의 입을 통해 듣게 되니 더 두려웠다. 너희들 대학 등록금을 낼 수 없다면, 갑자기 내가 아파서 입원이라도 한다면 어떡하지 하는 생각이었지. 엄마는 더 좋지 않을 미래를 상상하면서 보험계약서에 사인을 할 수밖에 없었다. 특히 너희들을 생각하면서 말이다.

그 서명이 결국은 보험회사의 배를 불리는 일에 한몫했다는 것을 엄마는 뒤늦게 공부하면서 알았다. 엄마는 보험회사가 은행보다 더 나쁘다고 생각한다. 그들은 경제적 여유가 없는 사람들의 미래에 대한 불안 심리를 이용한다. 그러면서 더 가난해지게 만드는 못된 구조를 갖고 돈을 버는 것 같다고 생각한다.

경제적으로 넉넉하지 못한 사람들은 상황이 나빠지면 제일 먼저 보험을 해약한다. 당장 먹고 살 일이 막막한데 미래를 위해 보험금을 불입할 수는 없으므로.

외할머니도 한바탕 해약 전쟁을 치른 적이 있었다. 정말 꼬깃꼬깃한 돈들을 모아서 1천만 원이 넘는 돈을 부었는데, 해약하고 보니 겨우 400만 원 정도밖에 받지 못했다. 물론 계약서에 중도해지를 하게 되면 불이익이 크다는 것이 씌어 있긴 하다. 그러나 원금은커녕 그렇게 많은 돈을 떼인다는 것은 막상 해약하지 않고는 모를 일이다. 그때 외할머니와 함께 보험회사 욕을 얼마나 했는지 모른다. 물론 지금도 생각하면 화가 치밀고.

해약하면서 원금을 보장해주는 보험회사는 하나도 없다. 원금을 보장한다고 해도 그 시간 동안 인플레이션으로 돈의 가치는 더 하락하게 마련이다. 그런데도 그걸 해약할 수밖에 없는 사람들은 정말 형편이 안 좋은 경우이니, 엄마는 그 어떤 금융기관보다 보험회사에 대한 감정이 좋지 않다.

보험에 가입했던 월납입금들을 모아서 직접 투자를 했다면 어땠을까? 만약 아빠가 23년째 내는 종신 보험비 25만 원을 매월 적립식으로 삼성전자 주식을 샀다면, 혹은 3년간 적금을 불입하고 목돈으로 갭투자를 했다면, 그 보험을 들어서 받는 치료비 정도는 벌 수 있지 않았을까? 아니면 더 큰 수익을 만들 수 있지 않았을까?

결국 아빠가 내는 종신 보험비는 아빠가 정말 큰일을 치르지 않는 이상 보험회사의 유동자산으로 수익을 만드는 종잣돈 일부가 되는 것이란다. 아, 말을 하다 보니 다시 한번 정에 이끌려서 보험을 든 엄마가 너무나 어리석다는 생각이 드는구나.

희연아. 보험은 그 정에 이끌려 묻지도 따지지도 않고 가입하는 게 아니다. 아픈 걱정, 죽을 걱정을 몇십 년 앞당겨 할 필요도 없고. 엄마가 지금도 그 보험들을 갖고 있는 이유는 그동안 너무 많이 납부를 했기 때문에 지금 해약을 하면 손해가 크기 때문이란다. 만약 누군가 지금 내가 너에게 해주는 이런 말들을 해줬다면 절대 들지 않았을 텐데 말이야.

우리가 낸 보험료를 종잣돈 삼아 수익을 올리고, 대출을 통해 이자수익도 내고 있는 보험회사. 계약 내용을 보면 무슨 무슨 사업비 명목으로 떼는 것도 꽤 많다. 은행처럼 절대 손해 보는 장사를 안 하는 기업이 보험회사인 것이다.

보험에 들어간 돈이 아무리 많아도 중간에 빼서 쓸 수조차 없다. 다만 그들은 내가 불입한 돈을 인심 쓰듯이 빌려주긴 한다. '보험약관대출'이란 이름으로 말이지. 그리고 내가 받는 이자보다 더 높은 이자를 요구한다. 내가 낸 돈을 더 비싼 이자로 빌려 쓰는 어처구니없는 상황. 그리고 내가 낸 돈은 병에 걸리지 않으면 구경을 못 하는 시스템. 물론 만기환급금을 받는다고 좋아할 일도 아니고. 아까 말한 것처럼 10년, 20년 동안 화폐가치는 하락할 수밖에 없으니 이미 손해 본 것이다.

엄마가 교통사고로 입원했던 적이 있었다. 그때 보험회사에서 받은 돈은 입원비 특약 건으로 받은 몇십만 원이 고작이었다. 질병코드가 다르다, 약관에 없는 내용이다, 라면서 결국은 입원비 특약밖에 주지 않더구나.

그런데 실손보험이란 게 있단다. 그건 실제 사용한 통원치료비, 입원비, 약값 등의 80~90%를 돌려받는 보험이다. 내는 돈이 그렇게 많지 않은 것에 비해 보장내용이 제법 많다. 이런 실손보험 하나 정도는 들어놓는 게 좋은 듯하다. 여러 개는 필요 없다. 왜냐하면 한 개만 보장해주기 때문이다.

엄마가 만약 너희 나이라면 보험료 낼 돈을 모아서 종잣돈을 모을 것이다. 그리고 그 돈을 투자해서 내가 아플 때 병원비로 쓰겠지. 보험은 결코 재테크가 아니다.

희연아. 세상엔 참 보이지 않는 남의 돈으로 부자가 된 사람들이 많단다. 거기에 이용당하지 않기 위해서는 공부가 필요하겠지? 공부 좀 더하자.

3

금융 지능이 수저 색깔을 변하게 한다

　요즘 '수저론' 이야기들을 많이 한다. 엄마는 금수저가 최고인 줄 알았는데, 금수저 위에 타이탄 수저 계급이 하나 더 있다는 말을 듣고는 한참 웃었다. 그러면서도 왠지 모르게 씁쓸했다.

　엄마의 어린 시절은 흙수저였다. 그러나 지금 우리 형편을 생각하면 흙수저는 아니니 다행이라는 생각이 들었다. 그리고 너희들에게 하루빨리 금융 지능을 키워줘야겠단 생각으로 마음이 급해졌다. 결국 금융 지능, 즉 돈의 흐름에 대한 교육에 따라 그 계급 정도가 나뉘는 것이니까 말이다.

　세계적인 투자자 워런 버핏은 말했다.

'100만 원도 제대로 관리하지 못하면 1천만 원도 관리하지 못한다. 돈이 많아진다고 돈 관리 능력이 갑자기 좋아지는 것이 아니다. 로또 당첨자가 대다수 모든 당첨금을 잃는 이유도 바로 여기에 있다. 부를 얻었을 때 금융 지식을 얻는 것이 아니라 금융 지식이 있어야 부를 얻는 것이다.' - 『워렌 버핏처럼 부자되고 반기문처럼 성공하라』 중에서

희연아, 사람들은 누구나 열심히 살고 있단다. 자신의 자리에서 각자 치열하게 살고 있지. 사람들에게 왜 그렇게 열심히 일하느냐고 물으면 대부분 사람들은 '경제적 자유'를 이야기한다. 돈을 위해 일하는 게 아니라고.

하지만 한 달 동안 일한 대가로 받는 급여는 매우 중요하다. 결국 사람들은 인생의 많은 시간을 돈을 버는 데 쓰고 있는 것이지. 그런데 똑같은 월급을 받아도 시간이 지나면서 자산의 차이가 벌어진다. 왜 그럴까?

외할머니는 자본주의 사회에 살면서 돈을 숫자로 읽고 쓰는 교환의 수단으로만 생각하는 분이었다. 엄마도 그랬다. 엄마 역시 학교에 다닐 때는 여러 개 아르바이트를 하고, 회사에 다니면서는 정말 열심히 일했다. 그러나 엄마와 아빠가 같이 벌어도 우리 생활은 나아지지 않았다.

엄마는 답답했다. 진짜 '돈'은 무엇일까. 어떻게 하면 돈을 벌

수 있을까. 엄마는 돈을 알고 싶었고, 꼭 부자가 되고 싶었다.

엄마는 돈을 벌고, 모으고, 불리는 데 공식이 있다고 생각했다. 부자들은 그걸 알고 있는 것 같은데 내 주변엔 부자가 없어서 다만 물어볼 수가 없었다. 답답한 나는 책을 보고 공부를 시작했다. 책을 통해 비로소 '돈'이 단순히 우리가 먹고, 입고, 살아가는 데 지급하는 것이 아니란 걸 알게 되었다. 그리고 우리 눈에 보이는 물질로서의 돈이 돈의 전부가 아니란 걸 깨달았다. 그리고 번 돈을 수치로 어떻게 취급하고 씀씀이를 어떻게 조절하는지에 따라 시간이 지나면서 삶의 모습이 달라진다는 걸 알았다.

희연아. 돈은 어디서 생기는 것이라고 생각하니? 돈을 찍어내는 한국은행에서 나오는 돈이 돈의 전부일까?

만약, 12살짜리 네 막냇동생 도원이가 도화지에 네모를 그리고 그 안에 1만 원이라고 적으면 그것이 돈이 될까? 도원이가 그것으로 게임 아이템을 사달라고 하면 살 수 있을까? 갑자기 네가 웃음을 터뜨리는구나. 너무 어이없지? 엄마는 이 말도 안 되는 질문을 왜 하는 걸까.

한국은행에서 찍어낸 돈은 신뢰와 약속이 담긴 것이다. 이 약속 안에서 종이로 찍어낸 돈은 물건이나 서비스와 교환하는 수단으로 쓰인다. 즉, 물건의 가치를 표현하는 척도로 쓰인다.

그렇다면 도원이가 사달라고 하는 게임 아이템의 가격은 어떻게 측정이 되었을지 생각해보자. 만약 게임 아이템의 가격이 1만 원이라면 그 가격이 적정 가격이라고 어떻게 계산이 된 걸까.

엄마는 돈은 물건의 가치를 표현하는 척도로 쓰인다고 말했다. 따라서 가격 역시 물건이 지닌 가치를 돈의 수치로 나타낸 것이다. 나이키 운동화와 시장에서 판매하는 운동화와 가격이 다른 것은 가치가 다르기 때문이다. 그것은 서로의 약속 안에 있는 가치이기도 하다. 즉, 나이키 운동화는 좋은 운동화를 만들겠다는 약속을 소비자에게 광고 등을 통해서 했고, 소비자는 그 광고를 통해 나이키 운동화에 대한 신뢰를 갖게 된 것이다.

약속이란 보이지 않는 수치다. 가격은 그래서 수요가 많지 않으면 낮고, 수요가 많으면 높다. 게임 아이템을 갖고자 하는 사람이 많으면 가격을 높게 책정할 것이고, 갖고자 하는 사람이 적으면 낮게 책정하게 되는 것이다.

전셋값이 하루가 다르게 오른다는 뉴스를 너도 봤을 것이다. 공급되는 전세물건이 없어서 임대인들이 새로 전세를 놓으면서 가격을 올리기 때문이다. 찾는 사람은 많은데, 물건이 없으면 전세난이 벌어진다. 그러니 전셋값이 올라갈 수밖에 없는 것이다. 2021년에 전세난이 심각해지자 정부에서는 호텔 방을

개조해서 전셋집으로 공급하겠다고까지 했다. 참으로 웃지 못할 상황이 벌어졌던 것이지.

희연아. 우리는 지금 한 번도 겪어보지 않은 세상을 살고 있다. 전 세계가 코로나 19로 몸살을 앓고 있지. 코로나 19로 세상에 돈이 많이 풀렸다는 말이 뉴스에서 자주 나왔다. 아마 너도 들어봤을 것이다. '유동성 팽창'이란 낯선 단어와 함께 말이다.

『나는 금리로 경제를 읽는다』란 책을 쓴 김의경 작가는 '금리는 돈의 사용료'라고 말했다. 나는 그 말에 백 번 공감했다. 이자란, 돈이 거래되는 금융시장에서 돈의 공급자가 돈의 수요자에게 돈을 빌려주고 받는 대가다. 그리고 이를 비율로 표시한 것이 이자율이다.

금리가 높다는 것은 돈을 사용하고 내는 대가가 높다는 것이고, 금리가 낮다는 것은 사용 대가가 낮다는 것이다. 즉, 금리가 높으면 부동산 같은 자산의 가격이 낮아지고, 금리가 낮으면 자산 가격이 높아진다는 것이다. 금리가 낮으면 돈의 양이 많아지고, 사용료가 낮다 보니 돈의 가치가 떨어진다는 말이다.

주식도 마찬가지다. 그래서 주식과 금리는 반비례 관계라고 말한다. 금리를 내리면 시중에 돈이 풀려 주식과 부동산이 상승하고, 반대로 금리가 오르면 주식과 부동산이 하락하기 때문이다. 금리가 올랐다는 것은 그만큼 돈의 가치가 상승했다는 것을 말한다.

코로나 19로 인해 세계 각국은 경기를 살린다며 돈을 풀었다. 시중에 돈이 많아지자 돈의 가치는 떨어질 수밖에 없었다. 그리고 그 돈은 주식과 부동산으로 이동했다. 코로나 시기에 부동산과 주식이 상승한 것은 이 유동성과의 관련 때문이었다.

부동산 가격이 많이 오르자 정부에서는 금리를 억지로 올리면서 부동산 가격을 잡아보려고 하고 있다. 그러나 부동산 가격은 단지 유동성만으로 정해지는 게 아니란다. 공급, 지역, 심리 등 그 원인이 복합적이기 때문이다. 너는 아직 관심이 덜하겠지만 정치적 이유도 있는 것이 부동산 시장이다.

아무튼 현재 실물경기는 좋은 편이 아닌데, 집값은 계속해서 신고가를 내는 상태다. 실물시장과 자산시장의 괴리도 커지고 있고. 이렇게 되는 것은 인플레이션 때문이란다. 통화량의 증가가 인플레이션 확산을 만들어서 자산의 가치가 폭등할 것이란 설명들이 나오는 이유이기도 하다.

이렇게 계속해서 오르는 자산을 내가 가지고 있는 돈을 갖고 매수하려면 아주 오랜 시간이 걸린다. 모으는 시간은 자산이 올라가는 시간을 따라잡을 수가 없다. 작은 힘으로 무거운 물건을 들어 올리게 하려면 지렛대가 필요한 것처럼, 적은 돈을 갖고 투자를 하려면 레버리지가 필요하다. 바로 대출이다.

대출은 자기 자본만으로 할 수 없는 사업이나 투자를 할 수 있게 해주는 지렛대 역할을 해준단다. 그러나 대출은 돈을 빌리는 것이고, 빌린 만큼 이자를 내야 하므로 감당할 수 없는 수준 이상의 대출은 기회가 아니라 오히려 힘들게 만들 수 있다는 걸 명심하길 바란다. 감당할 수 있는 정도의 이자를 내면서 이자 이상의 수익을 낼 수 있는 사업이나 투자에 사용하는 대출은 재테크 효율을 크게 올릴 수 있다.

만약 어떤 사람이 10년 전 3억 원짜리 집을 사기 위해 매년 200만 원씩 10년을 모았다고 생각해보자. 10년 후 집값이 3억 원이면 좋겠지만 절대 그럴 리가 없다. 만약 그 사람이 10년 전 대출을 받아 집을 구입하고 이자를 냈다면 그새 집값이 올랐으니 수익이 났을 것이다. 아마 모르긴 해도 그 아파트는 10년 동안 최소한 두 배는 올랐을 것이다. 대출은 집을 살 수 있는 레버리지가 되어 이자를 넘어서는 효과를 얻게 한다는 것을 아는 사람과 모르는 사람의 차이는 이토록 엄청난 결과를 낳는다.

이렇게 만든 수익을 다른 자산에 재투자해서 수익을 내고, 또 재투자하는 것. 이런 과정의 반복을 복리효과라고 한다. 복리란 말 그대로 이자에 이자가 붙는다는 뜻인데, 원금과 이자를 재투자하면서 수익을 계속해서 키운다는 것이다.

좀 어려운 내용이라고 생각되겠지만, 다시 한번 읽어보면 좋

겠구나. 결국 이런 돈의 흐름을 이해하는 것이 너에게 올바른
금융 지식을 갖게 하고 너의 경제적 자유를 줄 테니까 말이다.

저축,
부자 되기 어려운 이름

    오늘은 외할아버지 제삿날이다. 제주에 와 있지 않았다면 엄마는 제사음식을 하고 있었을 텐데 조금 불편한 하루였다. 그러면서 한편으로 외할아버지와 할머니는 모두 잠을 못 자며 열심히 돈을 벌었는데 우린 왜 계속 가난했을까 하는 생각이 들었다. 다른 부모들과 비교하면 안 되지만 비슷한 환경에서 다른 사람들은 집을 넓히고 논과 밭을 늘려갔는데, 왜 우린 늘 쌀이 떨어지는 걸 걱정했을까.

    그분들은 하루 너덧 시간만 자면서 야간 잔업을 하고, 특근 수당을 받기 위해 밤샘 근무도 마다하지 않았다. 주말에도 나가서 일하고. 하지만 우리는 누런 정부미를 받아먹는 생활보호

대상자에서 벗어나지 못했다.

초등학교 4학년 때였다. 엄마는 투표로 반장이 됐다. 그런데 담임선생이 말했다.

"돈도 없으면서 무슨 반장을 한다고."

아이들 앞에서 그렇게 말한 선생의 말은 아직도 내 가슴을 찌른단다. 가난은 불편함만이 아니다. 무시와 멸시가 따라오지. 가난해서 반장을 해서는 안 되는 내가 반장이 되자 선생은 학년 내내 동안 화장실 청소를 시켰다. 화장실 청소를 도맡은 반장. 지금 생각해도 그건 있을 수 없는 일이지.

그래도 외할머니는 공부를 시켰다. 공부해서 대학 가라는 말을 입에 달고 살았다. 가난한데 대학을 가라는 엄마가 이해되지 않았지만 학교 그만 다니고 돈 벌라는 말보다는 좋았다. 그 시절 엄마가 살던 동네에서는 고등학교나 대학교 진학 대신 돈 벌러 타지로 나가는 애들이 더 많았기 때문이다.

외할머니는 대학을 졸업하고 취직하면 부자가 된다고 생각했던 것 같다. 공장이 아닌 그럴듯한 회사에 취직하면 월급을 많이 받는 줄 알았던 거지. 엄마도 그렇게 생각했다. 대학 시절 내내 수많은 아르바이트를 전전하면서 졸업하고 취직만 하면 된다고 생각했으니까. 그러나 스무 살이 넘고 대학을 졸업했어도 우리 집 형편은 나아지지 않았다. 월급만으로는, 노동수익만으로는 부자가 될 수 없는 것이므로.

희연아. 부자가 뭘까? 대체 어느 만큼의 돈을 가진 사람을 부자라고 하는 걸까? 부자의 사전적 의미는 재물이 많아 살림이 넉넉한 사람을 일컫는 말이다. 그러나 그 넉넉함의 기준은 사람마다 다르지. 그리고 사람의 욕심은 끝이 없어서 아파트 몇 채, 빌딩 몇 채를 가진 부자 앞에는 더 비싼 아파트, 더 큰 빌딩주들이 앞에 있고, 또 그들 앞에는 재벌이 있고, 또 그들 앞에는 ······. 부자는 끝이 없다.

나는 부자는 시간과 돈을 자신이 원할 때 원하는 만큼 쓸 수 있는 사람이라고 생각한다. 너무 간단하지? 엄마가 말하는 부자라는 의미는 다른 사람과 비교하는 것이 아닌, '경제적 자유'가 있는 것으로 생각한다. 하고 싶은 일을 하면서 삶을 누릴 수 있는 자유.

사람들은 그 경제적 자유를 위해 부자가 되기를 원한다. 그러나 열심히 일하기만 하면 부자가 될 수 없다. 취직해서 열심히 저축한다고 부자가 되지 않기 때문이다. 물론 많은 사람은 평생 열심히 일하고 은퇴 후 퇴직금과 연금으로 근검절약하며 살아간다. 그런데 이렇게 노후를 준비하는 사람들도 사실 많지 않다. 매달 받는 월급으로 아이들 키우고 생활비를 쓰느라 사실 저축할 여유가 없기 때문이다.

대기업에 다니는 사람이라고 해서 마냥 편안한 것도 아니다. 엄마를 찾아온 사람 중에는 대기업에 다니면서도 언제 회사에서 그만두라고 할지, 그래서 어느 날 갑자기 월급이 끊기면 어떡하나 불안해하는 사람들이 많았다.

혹자는 말한다. 그 월급의 10%만 꾸준히 저축하면 부자가될 수 있다고. 과연 그럴까?

2022년 1월, 아시아경제 신문은 중위소득 가구가 서울에서 중간 가격대 집을 사려면 월급을 한 푼도 쓰지 않아도 평균 17.6년이 걸린다고 보도했다. 하지만 늘 그렇듯이 집값 오르는 속도가 월급 오르는 속도보다 빠를 것이다. 17.6년이 지난 후에는 집값이 올랐으니 당연히 살 수 없을 것이고.

대기업의 경우, 남자는 군대까지 다녀오다 보면 빨리 취업을 한다 해도 스물일고여덟 살 정도에 취업하게 된다. 그러나 대기업 취업은 쉬운 일이 아니지. 그야말로 하늘의 별 따기 전쟁이다. 대학졸업반인 네 사촌오빠도 지금 열심히 취업 준비 중인데, 컴퓨터 전공임에도 불구하고 대기업 취업이 어렵다고 하더구나.

학창시절 정말 열심히 공부하고, 그 높은 경쟁률을 뚫고 입사를 해도 사실 30년을 다니기 쉽지 않다. 어찌어찌해서 그 모든 스트레스를 이겨내고 30년 정년을 채웠다고 해도 그 월급만으로는, 월급을 저축하는 것만으로는 어떤 자유도 얻을 수 없다. 앞에서 설명한 자본주의에 맞는 재테크를 하지 않으면 말이다.

엄마 주변 대기업에 다니는 사람들을 보면 매월 받는 월급 중 가장 많은 지출은 아이들 교육비더구나. 학원비를 대느라고 다른 지출을 줄이고 생활하면서 정작 자신들의 은퇴 이후 준비는 하고 있지 못하는 경우가 많다. 엄마로서는 조언을 해주고 싶지만, 선택은 각자의 몫이니까 함부로 조언할 수는 없지.

희연아, 저축은 꼭 필요하다. 저축을 먼저하고 소비를 절제하면서 빠르게 투자를 위한 종잣돈을 만들어야 하니까. 그게 바로 부자가 될 수 있는 기반이 되니. 그러니까 월급은 부자가 되기 위한 시작점이란다.

그러나 저축을 해서 종잣돈을 모았다면 단돈 1천만 원이라도 그것을 어떻게 불릴까 고민하길 바란다. 1천만 원이 3천만 원이 되고, 다시 5천만 원, 1억 원이 된다. 그리고 처음 1천만 원을 모을 때보다 그 시간은 점점 단축된단다. 물론 그것은 공부를 통한 투자를 할 때지. 계속해서 모으기만 하면 시간이 아주 오래 걸리는 일이다. 꼭 기억해야 하는 것은 저축은 모을 때까지의 방법이란 것이다.

엄마가 병원연구실에서 일할 때 함께 근무하던 여성들 남편 대부분은 대기업에 다녔다. 우리는 전세를 살고 있었고, 그들 대부분은 집을 갖고 있었다. 대기업에서는 연말 성과급이 제법 두둑하게 나온다. 그들은 연말이면 상여금으로 밀린 적금을 불입하거나 정기예금, 펀드에 가입하곤 했다. 해외여행을 떠나기도 하고.

엄마는 그 시절 그들이 좀 부러웠다. 그런데 10년이 지난 지금 엄마는 투자를 통해 시간과 경제적 자유를 맛보고 있고, 그들은 그때나 지금이나 생활에 큰 차이가 없다. 월급만으로는, 은행 적금이나 예금만으로는 절대 부자가 될 수 없다는 것을 단적으로 보여주는 예다.

희연아. 네가 사는 사회가 자본주의 사회라는 걸 항상 기억하길 바란다. 자본주의 사회에서 월급만으로, 저축만으로는 부자가 될 수 없다는 걸 다시 한번 명심하길 바란다. 투자 없이는 자본주의 사회에서 절대 부자가 될 수 없다.

투자의 시작은 재테크 관련 도서 한 권부터 시작하면 된다. 그리고 너에게 맞는 투자를 시작하면 된다. 그것이 네게 경제적 자유를 갖다 줄 것이므로.

절약만으로는 먹고 살기도
힘든 사회

제주란 곳은 모든 곳이 신비롭구나. 풍경도, 공기도, 한낮의 고요함도. 너희들과 함께하는 이 시간이 엄마는 그 어떤 시간보다 소중하다. 너희들이 어렸을 때 이런 시간을 가져야 했는데, 그때는 이런 쉼을 생각하지도 못했다. 새벽에 밥을 해놓고 나가 밤늦게 돌아오곤 했으니 여행은 꿈도 꾸지 못했지. 너는 엄마 대신 동생들을 챙기기 바빴고. 그런데도 잘 커서 고맙기만 하다.

엄마는 네가 멋진 인생을 살 것이라 믿는다. 그러나 그 멋진 인생을 살기 위해서는 경제적 자유가 필수다. 엄마가 지금 이 편지를 쓰고 있는 이유이기도 하지.

얼마 전 너는 이렇게 말했었다.

"치약이 얼마나 한다고 이걸 잘라서 써요?"

도원이가 새 치약을 달라고 했을 때 나는 얼른 새 치약을 내주고 그것을 반으로 뚝 잘랐다. 치약 속 안을 파서 쓰면 서너 번은 더 쓸 수 있기 때문이지. 네 말대로 치약이 비싼 건 아니다만서도, 어렸을 때부터 길들인 습관이라 좀처럼 고쳐지지 않는다. 사실 고치고 싶은 마음도 별로 없고. 그냥 버리면 아깝잖아. 네가 웃는 모습이 막 보이는구나. 마치 친할아버지 같다면서 말이야.

네 친할아버지의 절약 정신은 정말 아무도 못 말릴 정도다. 불 꺼라, 에어컨 끄라는 말을 입에 달고 사시니까 말이야. 언젠가 한 번은 사람은 7명인데 승용차 한 대로 타고 가자고 해서 다 같이 기함한 적도 있다. 할아버지는 그렇게 아껴야 부자가 된다고 생각하시는 분이지.

엄마도 치약을 아끼면서 검소한 생활을 한다. 그러나 절약하는 습관과 부자가 되는 것은 다르다. 절약한다고 부자가 되는 것은 아니니까 말이다.

물론 옛날에는 절약만이 부자가 되는 길이라고들 말했다. 그런데 지금 생각하면 그 말은 부자가 된다기보다는 절약하면서 성실하게 일하면 적어도 먹고는 살 수 있다는 말이 아니었을까 생각한다.

그러나 지금은 이런 절약만으로는 집 한 채 살 수 없다. 돈 공부 없이 절약만 해서는 먹고 살기도 힘들 정도의 세상이 되었기 때문이다. 아끼고 모은 돈을 어떻게 할 것인가에 관한 생각이 없다면 단지 돈을 모을 뿐이다. 마치 저금통에 동전을 모으듯. 그러나 지금도 근검절약은 부자들의 가장 기본적인 습관이라는 것을 잊지 말기를 바란다.

"돈을 네 맘대로 쓰지 말라. 돈에게 물어보고 사용하라. 돈에게 물어봤자 돈이 대답할 리 없다. 다만 돈을 쓸 때 이 돈을 어떻게 벌었는가, 어떻게 쓰는 게 가치 있는가 따져보라."

고 이건희 회장의 말이다. 엄마는 돈을 쓸 때 이 말을 곧잘 생각한다. 돈은 버는 것도 중요하지만 쓰는 것도 그만큼 중요하기 때문이다.

하나은행에서 발행하는 부자보고서에서는 부자들이 어떻게 5억 원의 종잣돈을 마련했는지 조사한 결과가 나온다. 가장 많은 것이 사업소득(32.3%) 그다음이 상속증여(25.4%). 그리고 그다음이 근로소득(18.7%), 부동산 투자(18.2%) 순이었다.

5억 원의 종잣돈을 모은 부자들은 무엇인가 하나에 베팅하는 경우는 없었다. 그들 대부분은 5% 미만의 수익을 주는 안정적 자산에 투자한다고 했다. 그들도 한 푼 두 푼 절약해서 모은 돈을 투자로 불린 후 그것을 지키기 위해 안전투자를 하는 것이다.

한 은행 창구 직원이 했던 말이 생각난다.

"고객이 창구로 걸어오는 모습만 봐도 저 사람이 부자인지 아닌지 알 수 있어요. 값비싼 명품을 걸친 사람이 부자라고 생각하지만 진짜 부자는 수수하거든요."

결국 부자들의 공통점은 검소함과 절약인 것이다. 수백, 수천억 원을 가진 부자들도 이 습관들이 부자를 만든 것이다.

절약하고 검소한 생활은 부자들의 기본이다. 그러나 절대 그것만으로 부자가 되지는 않는다. 절약과 성실은 기본이고, 여기에 돈을 불릴 수 있는 능력을 키워야 부자가 될 수 있다. 이 능력은 그냥 만들어지는 것이 아니라, 금융 지식을 갖고 있어야 하는 것이다. 관심 있는 재테크 상품을 공부하고 연구하는 것, 최적의 투자처를 꼼꼼하게 비교하는 것, 관련 책을 읽으며 자산관리를 위한 습관으로 만들어야 하는 것이다.

나는 아무것도 하지 않고 절약만 하는 사람이 가장 안타깝다. 이자가 아까워서 대출금을 열심히 갚고 있는 사람도 너무나 안타깝다. 자기는 가난하게 살면서 다른 사람들에게 기회를 만들어주고 있다는 걸 모르는 사람들. 본인의 현금 가치가 인플레이션에 의해 뚝뚝 떨어지고 있다는 걸 모르는 사람들.

엄마가 아는 사람 한 사람은 아파트 도배를 한다. 그는 새벽 6시 반에 출근해서 7시까지 일해서 한 달 평균 5~600만 원의 수입을 올린다. 일요일에 출근한 달에는 1천만 원까지 수입을 올리곤 한다. 물론 한 달 수입으로 치면 적은 돈이 아니다. 그러나 그는 회사에 다니는 게 아니다 보니 4대 보험은커녕 상여금, 퇴직금도 없다. 그러다 병이라도 덜컥 나버리면 일을 못하게 되니 수입이 없게 된다.

엄마는 그에게 투자를 권유했다. 그러나 그는 이렇게 말했다.

"간신히 전세 대출받은 거 다 갚았는데, 또 빚이라니요. 이제 빚이라면 무서워요. 빚이 없으니 얼마나 다행인지 몰라요. 투자했다 원금이라도 날려버리면 어떡해요."

그는 두 아이 학원비를 대가면서 남은 돈은 적금을 불입한다고 했다. 그가 열심히 통장에 모은 돈은 그에게 1%의 이자를 줄 뿐이다. 안타깝게도 그는 자기가 은행을 위해 일을 하고 있다는 것을 모르는 것이다. 그리고 그 돈을 다른 사람이 기회비용으로 대출을 해간다는 것도 모르고.

너는 돈을 조금이라도 모은 후에는 그것을 너의 자산으로 옮겨놓기를 바란다. 절약한 돈이 너에게 경제적 자유를 주는 게 아니라, 자산에서 나오는 자산소득이 경제적 자유를 만들어준다는 걸 기억해라. 투자로 경제적 자유를 얻은 사람들은 이렇게 말한다.

"은행은 대출받을 때만 간다."

단기간 종잣돈
마련 비밀

신용카드보다
체크카드를 사용해라

매월 말에 카드대금 명세서를 받고 보면 조금 아찔할 때가 있다. 내가 대체 이걸 어디다 쓴 것인지 통 생각이 나지 않는 경우가 많기 때문이다. 오늘도 너희들과 외식을 하다 그만 생각보다 많은 지출을 했다. 너희들이 뭘 먹고 싶다고 하면 제주 여행 중이므로 그냥 사주다 보니 예상했던 것보다 돈을 더 쓰게 되는구나. 다음 달에 받아들 명세서가 벌써 걱정이 된다.

우리 집의 지출내용을 나누어보면 매달 고정적으로 나가는 고정지출과 특별지출이 있다. 고정지출은 관리비, 학원비, 이자, 각종 공과금 등이고 명절이나 생일, 경조사비, 시기별로 내는 세금 등은 특별지출비다. 그런데 이것들의 비중이 만만치가 않다. 특히 세금은 계속해서 세율을 높이다 보니 점점 많아진다.

깨알 같은 글씨로 가계부를 작성하는 사람도 있지만, 엄마는 그렇게까지는 하지 못한다. 다만 한 달 수입과 지출 숫자를 비교한다. 지출이 수입을 넘겼는지 남겼는지, 지출이 수입을 넘겼다면 카드 내역을 다시 한번 훑어보고 다음 달 긴축에 들어가곤 한다.

그런데 사실 엄마의 방법은 그리 좋은 방법은 아니다. 돈을 모을 때는 수입에 대한 지출 계획이 있어야 한다. 그래서 가계부 작성이 꼭 필요하다. 가계부를 쓰다 보면 어디에 얼마나 어떤 돈을 썼는지 확연하게 볼 수 있기 때문이다. 일일이 내용을 적다 보면 쓰지 않아도 될 돈들이 보이게 되고, 반성도 하게 된다. 요즘은 '뱅크샐러드'나 '편한 가계부' 등 스마트폰 어플이 있어서 지출관리가 수월하다고 하니 한번 사용해보길 바란다.

모으는 단계에서는 쓰고 남은 돈을 저축하는 게 아니라 저축하고 남은 돈을 써야 한다는 건 알고 있겠지? 그 비중은 50% 이상이어야 한다고들 하지만, 글쎄 나는 그것에 선뜻 동의하기 힘들다.

내가 아는 한 젊은 청년은 취직해서 서울에서 혼자 생활하면서 월세, 교통비, 식대 등 꼭 지출해야 할 것들을 지출하고 나니 저축은커녕 남는 게 없다고 한다. 그래서 월급보다 더 많은 돈을 쓸까 긴장한 나머지 아침을 걸렀다고 한다. 이런 형편에 50% 저축은 무리지. 다행히 서너 달 생활하다 보니 요령이 생겨서 조금씩 저축을 한다는 말을 듣고 공연히 내가 기분이 좋았단다.

저축하기 위해서는 수입에서 지출 비율을 정하는 것이 중요하다. 그래야 불필요한 지출을 막을 수 있고, 저축하고 종잣돈을 마련할 수 있기 때문이다.

엄마는 대부분의 지출을 신용카드로 한다. 가끔 나가는 현금은 계좌이체를 하면서 그 내용을 기록해 둔다. 그러나 돈을 모으는 단계에서는 신용카드보다 체크카드 사용이 더 좋다고 생각한다. 체크카드는 사용할 때마다 잔액이 얼마나 남았는지 알려주니 긴장할 수밖에 없다. 그러나 신용카드는 내가 얼마나 썼는지 나중에 명세서를 보고 알 수 있다.

지난번 네 동생 소윤이가 '텅 빈 통장'이 되어간다며 사고 싶은 화장품 목록을 뒤로 미루는 걸 보면서 다시 한번 체크카드 사용이 무분별한 소비를 막아준다고 생각했다. 한편으로는 돈 개념이 없다고 생각한 소윤이가 그래도 좀 개념이 생겼구나 싶어서 기특했고.

네 옷장과 책상, 화장대에 있는 물건들을 둘러보렴. 정말 필요한 것들만 샀는지, 아님 충동적으로 샀는지 한번 생각해 보길 바란다. 아마 분명 후회되는 것들이 있을 것이다.

희연아. 네가 불행하다고 생각할 정도로, 우울해질 정도로 박하게 돈을 모으라고 말하고 싶은 게 아니다. 소비가 소득을 넘치지 말았으면 좋겠고, 소비하기 전 소득의 일부는 적금을 들어서 일단 돈을 모으라는 것이다.

종잣돈을 위한 통장 관리 비법

자산을 늘리는 것은 모으고, 불리고, 지키는 과정의 연속이다. 이 과정 중 가장 지루하고 시간이 많이 들어가는 것이 모으는 시간이다. 그 모으는 시간에는 참아야 할 것들도 많지만, 그때 효율성을 더한다면 시간이 짧아질 수 있다. 그러나 약삭빠른 지름길이라고 생각하지는 말길 바란다. 세상에는 변수가 많으니까.

엄마는 알고도 실행하지 못하는 사람들을 여럿 봤다. 그들 중에는 두려워서, 불안해서 못하는 경우도 있지만, 과정이 너무 복잡해서 귀찮다고 하지 않는 경우도 많았다.

엄마는 너와 동생 소윤이에게 똑같은 용돈을 주고 있다. 그런데 너희 둘의 용돈 활용법은 다르다.

너는 적금통장, 청약통장, 일반 지출 통장 등으로 통장을 각각 나누어서 사용하고 있다. 지출 통장도 이자를 조금이라도 더 받겠다며 증권사 CMA 통장을 파킹 통장으로 이용하고 있지. 엄마로서 그런 네 모습을 보면서 기특하지 않을 수가 없다.

이에 반해 소윤이는 통장 하나만 갖고 있다. 통장에 돈이 있으면 있는 대로 쓰고 있다. 그래서 지출을 좀 줄이고 통장을 나누라고 했더니만 얼마 전에 적금통장과 청약통장을 만들어왔더구나.

돈이 많은 사람도 그 많은 돈을 어떻게 관리하느냐가 중요하다. 관리를 제대로 못 하면 가진 돈도 지키지 못하는 경우가 다반사이므로. 투자도 중요하지만, 나에게 들어온 돈을 어떻게 효율적으로 관리하는가도 중요하다.

돈을 모으기 위한 첫 번째 방법은 저축 후 소비다. 내 수입에서 얼마만큼을 저축할지 먼저 정하고 소비를 해야 한다. 돈은 언제나 부족하게 마련이다. 쓰다 보면 한이 없다. 그러다 보면 저축할 새가 없게 된다. 따라서 우선 저축을 하고 나머지 돈으로 버티듯 살아가야 돈이 모인다.

엄마도 월급으로 한 달 한 달 살아갈 때는 점심을 거르는 일은 다반사였다. 그때는 그렇게 하지 않으면 영원히 가난에서 벗어나지 못할 것 같았기 때문이다. 그 절박함이 엄마에게 돈을 모으게 했다. 물론 너나 네 친구들은 엄마와 같은 절박함은 없을 것이다. 그래서 엄마처럼 굶으며 돈을 모을 일은 없을 것이다. 하지만 소비사회에서 불필요한 소비를 줄이는 것만으로도 너희들은 종잣돈을 모을 수 있으리라고 본다. 그러기 위해서는 저축을 먼저 해야 한다.

두 번째는 통장 나누기다. 통장을 나누는 이유는 저축을 늘리고, 저축 습관을 들이기 위해서다. 너도 잘 나누고 있긴 한데, 지출용 통장을 좀 더 세분화해도 좋겠다. 너는 지금 아르바이트를 하면서 급여를 받고 있다. 매달 통장에 급여가 들어오면 생활비통장, 비상금통장, 적금통장, 파킹통장 등으로 돈을 나누는 것이 좋다. 여기에 투자통장을 하나 더 만들어 놓고 그 통장의 돈으로 주식이든, 부동산이든 투자관리 통장으로 이용하면 좋다.

급여통장은 급여뿐 아니라 용돈, 아르바이트 수당 등 모든 수입이 들어오는 통장으로 이용하도록 한다. 그 통장은 거의 이자가 없다. 너의 돈이 잠시 거쳐 가는 통장일 뿐이다.

생활비통장에는 급여통장에서 매달 일정한 돈을 이체, 카드결제와 자동이체 건들을 연결하면 된다. 카드는 될 수 있는 대로 체크카드를 쓰고, 핸드폰 요금이나 자취방 관리비 등을 자동이체로 연결하면 된다. 생활비통장은 그야말로 너의 생활을 위해 꼭 지출되는 통장인 만큼 통제를 잘하지 않으면 안 된다.

요즘은 '뱅크샐러드'등의 어플을 통해 지출관리나 돈 관리를 하기도 하던데, 내 생각에는 체크카드로만 생활하다 보면 네가 지출한 내역이 그대로 정리가 되므로 오히려 간단하고 편하지 않을까 싶다.

비상금통장은 급여통장에서 생활비로 보내고 남은 나머지 금액을 모아두었다가 생각지 못한 지출이 생겼을 때 쓰면 된다. 잠시 주차해놓듯 돈을 맡긴다고 해서 파킹통장이라고들 하는데, 보통 CMA 통장을 많이 이용하고 있다. 잠깐 돈을 맡길 뿐이지만 은행별로 금리가 조금씩 다르므로 금리를 비교한 후 통장을 만들면 좋다.

적금통장도 마찬가지다. 매달 얼마씩 적금을 넣기로 했으면 급여가 들어오는 날 무조건 이체가 될 수 있도록 자동이체를 걸어놓기 바란다. 제1금융권보다는 신협, 수협, 새마을금고 등 2금융권의 금리가 좀 더 높다. 그리고 정부에서 가끔 '청년희망적금' 같은 청년을 위한 특판 상품을 내놓으므로 그런 것들을 눈여겨보길 바란다.

이렇게 모아진 돈은 꼭 다시 재투자해야 한다. 그 돈은 예금으로 맡기고 다시 적금을 들든지, 모아진 돈으로 주식 투자를 하든지, 전세를 끼고 부동산 투자를 하든지 말이다. 그렇게 모은 돈을 자동차나 명품 등을 사들이는 데 소비하지 말고 꼭 재투자하면서 돈을 불리도록 하길 바란다. 그러다 보면 어느 순간 너의 자산이 불어나고, 그 자산을 어떻게 분산해서 투자할까 하는 생각까지 들게 될 테니까. 그런 시점까지 자제하고 견디며, 공부하고 실행하는 네가 되길 바란다.

기업은 오늘도 너를 겨냥한다

오늘 저녁 다같이 거실에서 TV를 보고 있을 때 바르면 금세 촉촉하고 탄력 있는 피부가 되는 것처럼 광고하는 화장품광고를 보더니 소윤이가 말했다.

"저건 진짜 사야 해!"

그러다 채널을 돌리는데 홈쇼핑에서 굴비 광고를 하고 있어서 이번엔 내가 멈췄다. 굴비는 외할머니가 아주 좋아하시는 것. 홈쇼핑 호스트가 노릇하게 구워진 굴비를 먹는 모습을 보다 보니 나도 모르게 군침이 넘어가고 전화번호를 눌렀다.

꼭 필요한 게 아님에도 불구하고 이렇듯 광고에 노출되면 우리는 깜빡 정신을 놓고 소비를 하고 만다.

현대 사회를 살아가는 우리는 늘 광고에 노출되어 있다. 홈쇼핑 같은 대놓고 하는 광고가 아니더라도 TV나 영화 속에 PPL이란 이름으로 숨겨진 광고는 물론, 배우들이 출연할 때 입고 나온 옷, 들고나온 핸드백, 액세서리, 화장품, 의자나 책 같은 소품 등 모두 광고다. 뿐만 아니라 컴퓨터 속에도, 휴대폰 속에도, 길거리에도 기업의 홍보마케팅은 우리가 눈을 주는 곳마다 사방에 깔려 있다.

현대 사회는 소비사회다. 소비를 지향하는 사회에서 기업의 마케팅 지뢰는 곳곳에서 우리를 유혹하고 터질 준비를 하고 있으니 정말 자제가 쉽지 않다.

엄마는 밤늦게 주로 새벽 배송 사이트에서 주문한다. 마트에 갈 시간을 줄여주기 때문에 곧잘 이용하는데 문제는 꼭 필요한 물건만 사는 게 아니라는 것이다. 사이트 여기저기를 돌아다니다 보면 새로운 것이라서, 디자인이 예뻐서, 할인해서 등등의 이유로 나도 모르게 장바구니에 담아 결제를 한다. 할인 혹은 1+1 판매 등을 결제하고 나서는 오히려 돈을 벌었다는 생각까지 하면서 말이다. 그러다 보니 막상 물건을 받고 나서는 가끔 후회하는 일도 있긴 하단다. 너도 그러려나?

그런데 쇼핑 사이트도 그렇고, 마트도 그렇고 할인 판매가 정말 많아졌다는 생각이 든다. 정말 가격을 할인해주는 것인지,

아니면 눈속임인지 일일이 확인해보지 않고는 알 수 없지만 분명한 건 그들이 소비자 심리를 이용한다는 것이다.

대폭 할인, 1+1 판매 등의 문구를 보면 엄마도 그렇지만 사람들 손이 절로 가게 된다. 구매할 계획이 없었는데도 언젠가 쓰게 될 거라고, 싸게 팔 때 사둬야 한다고 스스로 최면을 거는 것이다. 그리고 엄마처럼 싸게 샀으니 오히려 이익이라는 생각까지 하기도 하고.

그 순간 우리는 이미 기업 마케팅에 걸려든 것이다. 기업에서 할인하는 이유가 정말 소비자를 생각해서 가격을 낮춰준 것일까? 사실 대부분은 재고떨이인 것이다. 뿐만 아니라 기업은 상품을 출시하면서 가격을 정할 때 처음부터 할인을 고려한다. 따라서 손해를 보는 건 할인을 한다고 불필요한 걸 미리 사서 쌓아놓고 집을 좁게 쓰고 있는 우리인 것이다.

요즘은 유튜브, 블로그, 인스타그램, 페이스북 등 SNS는 젊은 너희들을 타기팅하기 좋은 마케팅 도구다. 기업은 사람의 눈이 가는 곳은 그곳이 어디든 침투하기 때문이다. 넘치는 광고들은 우리가 미처 의식하지도 못하는 사이 훅 들어와 결제하게 한다. 때와 장소를 가리지 않는 그들의 마케팅 기법은 나름 단단히 무장한 사람에게도 어느 순간 쓱 들어가 스르륵 문을 열게 한다. 이젠 빅데이터로 소비자 개개인에게 맞춤 마케팅을 하는 시대라는데 얼마나 똑똑해야 그 똑똑한 마케팅을 이길 수 있을까.

'일단 사고 싶다는 욕망이 생긴 후에는 그것을 의식적으로 합리화하는 과정이 발생합니다. 아, 저것은 내가 필요한 거야. 내가 지금 가지고 있는 물건은 망가졌고 새로운 물건이 필요해. 저것이 있으면 나는 훨씬 더 일을 잘할 수 있다는 식의 여러 가지 합리화가 일어나면 내 의식은 무의식이 하고자 하는 소비를 점차 합리화를 시켜줍니다. 많은 부분이 무의식을 작동하도록 겨냥함으로써 우리가 소비하게 하는 마케팅입니다.'

'EBS 자본주의'에 나오는 마케팅에 관련한 설명이다.

현대 소비사회에서 똑똑한 소비자가 되기는 쉽지 않다. 마케팅으로 공격하는 기업에 맞서기 위해서는 자기 나름의 기준을 갖고 있어야 할 것이고, 그 의지가 확실해야겠지. 그들이 아무리 유혹해도 넘어가지 않을 나름의 기준을 방패 삼아 갖고 있다면 불필요한 소비를 하지 않을 테니까.

희연아. 결제하기 전에 한 번만 더 생각하길 바란다. 과연 저 물건을 샀을 때 얼마나 사용할 것인가. 꼭 필요한가. 그렇게 생각하는 습관을 갖다 보면 '불필요한 돈'을 쓰는 일이 줄어들지 않을까? 너희에게 하는 이 말은 엄마에게도 하는 말이다. 엄마도 똑똑한 소비자가 되어야겠다 다짐한다.

4

욜로를 외치다 골로 간다

오늘도 온 식구가 종일 뒹굴고 있다. 엄마는 때때로 전화와 컴퓨터를 켜서 업무를 보기도 하고 책도 읽고 있지만, 너희와 함께 뒹구는 시간이 훨씬 더 많다. 텔레비전도 보고, 너의 연애 이야기도 듣고, 어린 막내가 맘껏 부리는 투정도 받아주고 있지. 너희들끼리 노는 모습도 가만 보고.

돌이켜보면 그동안 단 하루도 이렇게 편하게 뒹굴며 지낸 적이 있었나 싶다. 너희들은 너희들대로 공부하느라, 나는 나대로 일하느라 아침에 잠깐, 밤에 잠깐 보는 게 전부였지.

제주 한 달 살기를 한다고 하자 주변 사람들에게서 가장 많이 들었던 말이 부럽다는 것이었다. 그러면서 누군가는 말했다.

"부자니까 그럴 수 있죠."

엄마는 그 말을 곰곰이 생각했다. 엄마는 부자일까. 너희들과 함께 제주에서 한 달을 살 정도의 생활비가 있다고 해서 부자일까. 엄마 스스로 시간과 경제적 자유가 있는 사람이 부자라고 했는데 나는 지금 그런 자유가 있는 것일까.

초등학생인 도원이는 넓은 집, 큰 텔레비전, 게임기와 최신 컴퓨터가 있으면 부자라고 한다. 열두 살이 생각하는 부자의 기준은 그런 것일 수 있지만, 보통 사람들은 고급 아파트, 고급차, 명품 시계, 명품 가방, 명품 옷 등 같은 것을 보고 부자라고 생각한다.

최근 들어 백화점 명품관은 대기표를 받아야 할 정도로 손님이 많다고 한다. 더 귀한 건 꼭두새벽부터 줄을 서서 사야 한다고 하지. 심지어 신상품이 출시될 때는 텐트를 치고 매장 오픈을 기다린다고까지 하더구나. 그리고 요즘 젊은이들 사이에서는 명품테크도 유행한다고 하고.

왜 이렇게 사람들은 명품에 연연해 할까? 명품을 입고 들면 부자로 보이기 때문이겠지. 부자인 척하면서 남보다 우월하단 걸 보여주기 위해서 말이다.

그런데 이보다 더 '척'하는 사람들이 많단다. 진품 같은 짝퉁으로 멋을 내는 사람들. 아마 이런 사람들이 많아서 짝퉁 시장은 없어지지 않을 것이다. 어떻게 해서든 남보다 나아 보이고 싶은 욕망은 인간의 본능이니까. 그래서 미국의 유명한 기업인이자 작가인 레이 달리오는 '자본주의적 상품 교환에서는 실용성보다 외관이 중심이 된다'라는 유명한 말을 했다. 진품을 줄서서 사든, 진품 같은 짝퉁을 사서 멋지게 입든 그들의 선택이겠지만 엄마는 과소비로 그 시간을 허비하는 사람들이 안타깝기만 하다.

몇 년 전 천안의 한 아파트를 엄마에게 매도한 사람은 젊은 부부였다. 그들은 딱 봐도 소위 '간지'가 줄줄 흘렀다. 차는 유명 외제 차였다. 나는 그들에게 어디로 이사 가느냐고 물었다. 분위기로 봐서는 좀 더 좋은 집으로 이사할 것 같았거든.

"저희 해외여행 가려고요. 당분간 작은 아파트에서 월세로 살 거예요."

청춘도 한때라며 해맑게 웃는 그들의 모습을 보면서 엄마는 그야말로 뜨악했단다. 집 판 돈으로 해외여행을 한다니. 어차피 한 번 사는 세상 멋있게 살아야 한다니. 엄마는 만약 너희들이 저런 생각을 한다면 어쩌나 싶었다.

그들 이야기를 하다 보니 또 한 사람이 떠오른다. 한 달 수입이 300만 원 정도인데 중고 벤츠를 몰고 다니는 사람이었다. 그는 컵라면으로 끼니를 때우면서도 그 차는 포기하지 못한다고 했다. 마지막 자존심이라면서. 부자처럼 보이고 싶어서 안간힘을 쓰는 그들은 부자가 되기는커녕 점점 더 가난해질 수밖에 없는데, 그걸 모르는 그들이 얼마나 안타까운지.

또 엄마가 세 놓은 집에 살던 사람도 있었다. 지방에 있던 22평 아파트는 보증금 8천만 원에 월세 15만 원이었다. 그 세입자는 차상위계층이어서 보증금 중 5%인 400만 원만 내고 나머지는 7천600만 원은 정부로부터 전세금 저리이자 대출 지원을 받았다.

그런데 매달 내야 하는 월세 15만 원을 차일피일 미루더니 1년이 지나도록 내지 않았다. 결국 1년이 지난 후 엄마가 그 집을 찾아갔다. 그런데 세입자가 자기가 아파트 주차장에 있으니 내려오라고 하더구나.

주차장에서 엄마는 그만 입을 딱 벌리고 말았다. 그는 BMW 앞에서 명품 다운코트를 걸치고 신발 역시 명품 운동화를 신고 있었다. 그런 그가 말했다.

"제가 돈이 없어서 안 드리는 게 아니라 지금 자금이 막혀서 못 드리는 건데 좀 기다려주시지요."

사정해도 시원찮을 상황에 오히려 그의 당당한 태도는 정말 어이가 없고 화가 났다. 그는 매월 15만 원 월세를 끝내 내지 않았다. 결국 나는 만기 2년을 채우고 명도소송을 해야 했다. 그들이 집을 나가던 날, 법원 관계자들과 함께 갔었다. 그들 젊은 부부에겐 아이들이 셋이나 되었다. 그들 부부는 괘씸하기 짝이 없었지만, 어린아이들을 보니 안타까운 마음이 들 수밖에 없었다. 엄마는 지갑에서 있는 대로 돈을 꺼내 그들에게 주면서 말했다.

"날도 춥고 애들도 어린데 가까운 원룸이라도 얼른 얻어 들어가세요."

그런데 남자가 트렁크를 끌고 가며 자기 부인에게 큰소리로 이렇게 말하더구나.

"근처 호텔이 어디 있지?"

희연아. 무엇이든 있는 척하고, 거짓말하는 사람은 절대 잘 될 수 없다. 남 앞에서 잘 보이려고 한들 무슨 소용이 있겠니. 내 삶이 중요하지. 그런 사람들은 자기 내면이 채워지지 않았기 때문이다. 내면이 채워지지 않았다는 건 자존감이 낮다는 것이다. 그 자존감은 결코 물질로 채워질 수 없다.

그들은 자존심과 자존감을 잘못 이해하기 때문이다. 엄마도 한때는 그랬다. 자존감이 낮았을 때 엄마는 부자들을 삐딱하게 봤다. 부모 잘 만나서 쉽게 사는 것처럼 보였고, 갑자기 운 좋게 돈을 벌었다고 생각했다.

그러나 진짜 부자들을 만나면서 그들이 어떻게 돈을 모으고, 어떻게 생활했는지 알게 되면서 엄마의 삐딱한 시선은 수정되었다. 그들은 남의 시선에 별 관심이 없다. 자신이 어떻게 보이느냐보다 자기 생각이나 말, 행동에 최대한 예의를 갖춘다. 그것이 값비싼 물건보다 더 중요하다는 것을 그들은 알고 있다.

진짜 부자는 절대 과시하지 않는다. 분수에 맞지 않는 가격이면 더더욱. 그들은 항상 돈의 효율을 따진다. 당장 사치로 너의 미래를 저당 잡히지 말고, 그 돈을 모아서 미래를 위해 자산을 늘리길 바란다. 미래 가치를 생각하기를 바란다.

부자를 연구하는 한동철 서울대 교수는 부자를 이렇게 정의한다.

'부자는 정신적으로 자신이 하고 싶은 일을 하고, 물질적으로 그 일을 할 수 있는 여유를 가지며, 그 일을 통해 사회적으로 인정받을 수 있는 사람이다.'

희연아. 아무것도 없는 속 빈 강정으로 순간만 멋지게 살고 싶니? 아니면 조금은 덜 화려하지만 넉넉한 자유인으로 살고 싶니?

네가 가진 게 없다면 깔끔하게 상황을 받아들일 줄 알기를 바란다. 그리고 절박하게 모으고 공부해서 부자가 되는 방법을 찾기를 바란다.

"가난하게 태어난 것은 당신의 실수가 아니지만 죽을 때도 가난한 건 당신의 실수다."

빌 게이츠가 한 말이다. 죽을 때 가난하게 죽지는 말자.

복리의 마법을 터득해라

오늘은 동계올림픽에서 기대하던 쇼트트랙 두 경기가 모두 결승전에 오르지 못했다. 그들이 올림픽을 위해 얼마나 많은 시간을 들여 그야말로 피나는 연습을 했을까 생각하니 안타까웠다. 당사자인 그들의 안타까움은 내가 감히 계산도 못 할 정도겠지.

그러다 문득 돈을 모으는 것도 노력해야 하는 일이고, 그것을 지키는 것 역시 노력 없이는 안 된다는 생각이 들었다. 힘들고 치열하게 번 돈을 순간의 잘못된 선택으로 날려버린다면 그 심정은 오죽할까. 그러니 돈을 버는 것도 중요하지만, 잘 지키는 것도 중요하다.

아직 직장을 다니지 않으니 너에겐 조금 와닿지 않는 이야기일 수도 있다만서도, 돈 관리는 언제나 필요한 것이므로 새겨듣기를 바란다.

2022년 현재 통계청에 따르면 4인 가족 평균 중위소득이 500만 원 정도라고 한다. 500만 원이란 돈은 많다면 많고 적다면 적은 돈이다. 그리고 그것은 자가인지, 전세인지, 혹은 월세인지에 따라 달라지고, 교육비 지출 정도, 나이 등에 따라 달라진다. 거기에 결혼식이나 병원비, 이벤트 등 가정마다 또 상황이 달라진다. 그러니 500만 원으로 4인 가족이 생활한다면 대부분은 빠듯할 것이다. 물가도 워낙 많이 올랐으니 말이다. 그렇다고 모든 4인 가구가 500만 원의 소득을 올리고 있는 것도 아니고.

	2015	2016	2017	2018	2019	2020	2021	2022
1인 가구	1,562,337	1,624,831	1,652,931	1,672,105	1,707,008	1,757,194	1,827,831	1,944,812
2인 가구	2,660,196	2,766,603	2,814,449	2,847,097	2,906,528	2,991,980	3,088,079	3,260,085
3인 가구	3,441,364	3,579,019	3,640,915	3,683,150	3,760,032	3,870,577	3,983,950	4,194,701
4인 가구	4,222,533	4,391,434	4,467,380	4,519,202	4,613,536	4,749,174	4,876,290	5,121,080
5인 가구	5,003,702	5,203,849	5,293,845	5,355,254	5,467,040	5,627,771	5,757,373	6,024,515
6인 가구	5,784,870	6,016,265	6,120,311	6,191,307	6,320,544	6,506,368	6,628,603	6,907,004

통계표
- 기준 중위소득

그래서 옛말에도 댓돌에 신발 두 켤레가 있을 때 돈을 모으라는 이야기가 있는 것이다. 부부 두 사람만 있을 때 열심히 일해서 돈을 모으라는 것이지. 아이가 생기면 돈을 모을 수가 없다. 예나 지금이나 돈을 지키는 첫 번째 방법은 모으기, 즉 저축이다.

『바빌론 부자들의 돈 버는 지혜』라는 책에서는 바빌론 부자들은 수입의 10% 저축을 원칙으로 삼는다는 말이 있다. 그러나 그 비율을 조금이라도 높이는 게 시간을 단축하는 것이다.

은행 저축에는 입금과 출금을 자유롭게 하는 보통예금, 일정 기간을 정하고 정기적으로 정해진 금액을 예치해놓는 정기예금, 일정 기간 금액을 정해서 매월 적립하는 정기적금이 있다. 시중은행에서도 가능하지만 새마을금고나 신협 등의 이율이 조금 더 높다. 개인당 5천만 원까지 보호해주므로 시중은행보다 유리하다.

1년짜리 적금을 불입해서 만기가 되면 재예치를 하거나 다른 금융상품(펀드, ETF 등)에 재투자하면 복리효과를 볼 수 있다. 복리는 이자에 이자가 붙는 것을 말한다. 그냥 받은 돈을 쓰지 말고 재투자하는 것이지.

하지만 이런 저축법은 100% 안전하지만 수익을 기대하기는 힘들다. 통화량 증가로 물가상승률은 높아가는데, 그것마저도 미치지 못하는 이율이기 때문이다. 앞에서 이런 안전한 방법은 오히려 손해를 보는 거라고 설명했다. 다시 말하면, 돈이 모이는 속도보다 화폐가치가 떨어지는 속도가 훨씬 빠르다는 걸 잊지 말기를 바란다.

시작은 저축으로 하지만, 예금이자보다 높은 수익률이 나오는 곳으로 돈을 옮겨야 한다. 수익을 더 크게 할 수 있는 곳으로 말이다. 어찌 됐든 매월 급여의 정해진 비율을 꾸준하게 모으는 것이 부자 되는 첫 번째 습관이라는 걸 기억하길 바란다. 그것이 바로 너의 투자를 위한 종잣돈이 된다는 것도.

종잣돈을 불리는 방법은 복리의 마법에 있다. 엄마는 주 투자종목이 아파트이다 보니 종잣돈이 모이는 대로 아파트를 구매했다.

내가 주식이나 펀드보다 아파트를 선택한 건 나름 안전을 고려한 것이다. 집값이 내려가도 집은 남으니 월세라도 받으면 되겠지 하면서 말이다. 그 결과 은행 저축만을 고집하는 친구보다 조금 더 빨리 경제적 여유를 찾았다.

처음에는 누구나 겁난다. 엄마도 처음엔 겁이 났다. 힘들게 모은 돈을 날리면 어떡하나 불안할 수밖에 없었다. 그러나 시행착오 역시 공부다. 결국 꾸준히 공부하면서 실전 경험을 하다 보면 성공 확률이 높아지고, 불안도 줄어든다. 나는 지금도 매일 아침 신문 읽기부터 유료 부동산칼럼 읽기, 책 읽기, 유튜브 강의와 온라인 및 오프라인 강의를 듣는다. 나를 더 자유롭게 하기 위해서 하는 목적 있는 공부인 만큼 학교 다닐 때 공부하는 것보다 훨씬 재미있다.

그러나 빨리, 조급하게 돈을 벌려고 하면 돈이라는 것이 도망간다는 걸 명심하길 바란다. 엄마 사무실에 자주 오는 사람 하나는 인터넷 네트워크사업을 한다. 인터넷 네트워크사업이라니 뭔가 거창한 것 같지만, 예전 다단계사업이다. 그 사람은 영양제부터 샴푸, 그릇 등 안 파는 게 없을 정도로 품목이 다양하다. 엄마도 그 사람 권유로 이것저것 구매했었다.

그의 원래 직업은 간호사. 돈을 좀 벌어보려고 그 일도 시작했던 것이었다. 빨리 실적을 내고 싶었던 그는 자기 실적을 높이기 위해 스스로 물건을 사들였다. 회사에서는 프로모션이다 뭐다 해서 매출을 얼마만 더 하면 인센티브를 준다고 하니 욕심도 났고. 덕분에 그는 그 다단계 회사에서 조금 인정을 받았던 모양이다.

그런데 문제는 실제 자기 수입이 없다는 것. 그래서 어느 날 돌아보니 자기가 회사로부터 스스로 구매한 물건값이 무려 5천만 원이 넘었다. 자기가 자기 돈으로 회사 물건을 구매해서 쌓아놓는 어이없는 상황이 된 것이다. 결국 그는 남편과 심하게 다툰

후 규모를 줄였다고 했다. 돈을 벌기는커녕 오히려 돈을 까먹은 상황이 된 것이지.

　엄마는 그 네트워크사업이라는 것은 부자가 되고 싶은 사람의 마음을 이용하는 대표적인 사업이라고 생각한다. 물론 판매를 잘하는 사람도 있겠지. 그런 사람들을 내세워서 홍보도 하는 것이고. 그러나 만약 물건을 구매하느라 투자한 5천만 원으로 아파트 한 채를 갭투자했다면 어떻게 됐을까. 5천만 원은 그대로 있을 뿐만 아니라, 아파트값이 올랐을 테니 돈을 벌었겠지.

　희연아. 저축으로 종잣돈을 모은 다음에는 네게 맞는 투자를 해야 한다. 그리고 절대 조급한 마음으로 돈을 좇지 말기를 바란다. 돈이 따라올 수 있도록 너 스스로 가치를 만들기를 바란다. 그러기 위해서는 저축은 종잣돈을 마련하기 위해서는 꼭 필요하다. 종잣돈으로는 너에게 맞는 투자법을 찾도록 해라. 현금은 갖고 있으면 있을수록 가치가 떨어진다는 것을 명심하고. 귀에 딱지가 앉을 만큼 들었다고 고개를 내젓는구나. 엄마가 여러 번 말하는 것은 그만큼 중요하기 때문인데.

스무 살을 위한
재테크 비밀

월급을 포기하지 마라

오늘 오후에는 너희들과 귤을 따러 가기로 했다. 너희들이 귤 따기 체험을 하는 동안 귤 농장에서는 어떤 시스템으로 수익을 올리고 있는지 볼 생각이다. 궁금하기도 하고, 만약 나라면 어떻게 귤 농장을 운영할까 생각하는 시간을 가져볼 생각이다.

내가 귤 농장을 할 리는 없겠지만 '나라면 어떻게 할까?' 생각하는 것은 부자 되는 습관 중 하나란다. 일이란 건 여러 가지 방법이 있어서 어떻게 일을 하느냐에 따라 결과가 달라진다. 혼자 생각하고 메모를 하다 보면 어떤 일 앞에서는 그 생각과 메모가 새로운 아이디어를 만들어낸다.

대부분의 사람은 급여생활자다. 한 달 월급으로 생활을 해나간다. 그런데 월급을 받는 사람들 대부분은 적다고 생각한다. 물론 억대 연봉을 받는 사람들은 예외로 치자.

매달 받는 월급으로 어떻게 돈을 모으고 불릴 수 있을까. 그것은 관리에 있다. 20대 급여 관리를 어떻게 하느냐에 따라 30대가 달라지고, 이후의 삶이 달라진다.

월급은 아무리 적어도 지켜야 한다. 쉽게 월급 받는 자리를 포기하거나 더 벌 수 있다며 그 자리를 그만두는 것은 안 된다. 그러니 적은 월급이라고 쉽게 월급을 포기하거나 더 벌 수 있다며 직장을 그만두는 선택을 하지 말길 바란다.

2020년과 2021년, 부동산과 주식 등의 상승장이 계속되면서 투자에 성공한 사람들이 전업 투자를 하겠다고 다니던 직장을 그만둔 경우가 많았다. 아파트 한두 번만 사고팔아도 연봉을 뛰어넘은 수익을 내자 투자에만 전념하면 더 많은 수익을 낼 수 있겠다고 생각한 것이지. 그리고 매달 받는 적은 월급이 우스워 보이기도 하고.

그러나 투자라는 것은 항상 수익만 내는 것이 아니라는 것을 명심하길 바란다. 그뿐만 아니라 계획한 대로 딱 떨어지는 게 쉽지 않다. 매월 들어오는 월세 같은 생활비와 이자 등을 감당할 현금 흐름이 있거나 최소한 1, 2년 정도는 버틸 수 있는 자금이 있어야 한다. 특히 가족이 있는 가장이라면 더더욱 말이다.

엄마와 가깝게 지내는 지인의 한 달 월급은 200만 원 남짓이다. 40대 후반에 한 직장에서 무려 20년 넘게 근무했는데도 그렇다. 그런 데다 그 집에는 아이들이 셋이나 있다. 그는 부동산을 통해 매년 벌어들이는 수익이 연봉의 몇 배가 된다. 매년 올려받는 전세보증금 상승분과 월세, 매도 금액 등을 연봉으로 치면 억대도 훨씬 넘지. 그러다 보니 주변 친구들은 그에게 그깟 직장 그만두지 뭐하러 다니냐고들 말한다.

그러나 그는 매일 아침이면 어김없이 출근한다. 그에게 월급은 고정수입이다. 그리고 그것은 안전한 것이고. 그가 많은 투자 이익을 얻고 있기는 하지만 그는 투자라는 것은 항상 좋은 결과만 있는 게 아니라는 것을 알기 때문이다. 그의 월급은 비록 큰돈은 아니지만 안정적인 고정수입이다. 그리고 한편으로는 회사에 다니므로 4대 보험이 된다. 4대 보험을 가입해주는 회사를 다닌다는 것은 은행에서 대출을 받을 때 신용 점수에 아주 유리하다.

월급을 지키면서 투자를 하는 것은 물리적으로나 심리적으로 안정감을 준다. 월급은 투자를 보다 안정적으로 하기 위한 일종의 보험이라고 말한 사람이 있었는데, 그 말에 엄마도 전적으로 공감한다. 월급은 지켜라. 안정적 투자를 위해. 그리고 대출 신용을 위해.

2

파이프라인을 늘려라

월급이 적다면 소득을 늘려라. 월급쟁이한테 소득을 늘리라니, 무슨 말인가 네 눈이 아주 커지는구나.

돈을 모으기 위해서는 지출을 줄이거나 소득을 늘리는 것밖에 없다. 그런데 물가는 계속해서 오르는데 월급은 오르는 물가를 따라가지 못한다. 그러니 아무리 지출을 줄여도 더 줄일 곳이 없는 상황에 맞닥뜨리게 된다. 엄마가 연구원일 때 받는 월급으로 가계부를 써가면서 아무리 아껴도 돈은 언제나 빡했다. 그러다 보니 너희들이 치킨이 먹고 싶다고 해도 바로 치킨을 시키지 못하곤 했다.

당시 어떻게 하면 돈을 벌 수 있을까 생각하다 엄마는 회사에 다니면서 다른 일을 하기로 했다. 소득을 늘리는 방법을 모색한 것이지. 엄마는 새벽에 건물청소를 하고, 주말에 건설현장 아르바이트를 했다. 아빠 역시 낮에는 병원에서 일하고, 저녁에는 저녁 진료하는 병원에서 아르바이트를 했다.

물론 그렇게 밤낮으로 일해서 번 돈이 큰돈은 아니었지만, 월급만 받을 때보다는 더 늘릴 수는 있었다. 그때 엄마의 돈 늘리기는 보통 사람들처럼 은행 예금과 적금이 전부였다. 돈 공부를 일찍 시작했다면 하는 아쉬움이 있는 이유다.

근로소득으로 소득을 늘리려 했던 내 생각을 전환하게 한 건 투자를 배워보겠다고 찾아갔던 경매학원 선생의 말이었다.

"돈은 몸으로 버는 게 아닙니다. 머리로 버는 것입니다!"

엄마는 그 말을 듣는 순간 정말 머리를 한 대 얻어맞는 기분이었다. 깜깜한 새벽에 두려움을 견디면서 했던 건물청소는 몸으로 버는 돈이었다. 그러나 그렇게 힘들게 번 돈은 정말 얼마 되지 않았다. 어떻게 소득을 늘릴까. 엄마는 고민했다. 나의 몸값을 올려서 연봉을 올릴 것인가, 다른 방법을 찾을 것인가.

몸값인 연봉은 내가 책정하는 게 아니다. 나를 고용한 사람의 평가에 따라 달라지는 것이다. 아무리 내가 시간을 투자해서 더 열심히 일해도 고용인, 즉 윗사람의 기준으로 정해진다. 엄마 역시 몸값을 올려받기 위해 영어, 컴퓨터 공부는 기본에 대학원까지 다녔다. 그러나 나의 연봉이 올라가는 데는 한계가 있었다.

몸값은 월급에 한정되고, 그렇게 노후를 맞이했다가는 다시 몸을 팔아 일을 찾아 헤맬 것 같았다. 그러나 나이 들어서 일을 할 수 있는 체력이 될까. 50대 중후반만 되면 이미 몸들이 예전 같지 않다고 한다. 노동은 언제까지 할 수 있는 일이 아니다.

그렇다면 나는 평생 가난한 채로 내가 치욕스럽게 들었던 '쥐뿔도 없는 것'이라는 말을 죽을 때까지 들어야 하는 걸까. 엄마는 두려웠다. 무엇보다 너희들, 너희들에게 그 가난과 그 멸시를 물려줄 수는 없는 일이었다.

희연아. 엄마는 어떻게 해서든 소득을 늘려야 했다. 엄마를 위해서도, 너희들을 위해서도.

그렇다면 방법은 투자밖에 없었다. 일하지 않아도 유지되는 소득, 잠자는 동안에도 돈이 들어오는 시스템을 만들기 위해서는 투자를 해야 했다.

"당신이 잠자는 동안에도 돈이 들어오는 방법을 찾아내지 못한다면, 당신은 죽을 때까지 일해야 할 것이다."

유명한 투자자 워런 버핏의 말이다. 이 말대로 죽을 때까지 일할 수 있다면 그나마 다행이다. 하지만, 노후에 경제적 활동을 계속할 수 있는 사람은 많지 않다. 나이가 들면 일하고 싶어도 몸은 더는 일할 수 없는 상태가 되기 때문이다.

20대. 더 좋은 직장, 더 높은 연봉을 받기 위해 치열하게 애쓰고 있을 때. 그리고 한편으로는 인생은 한 번뿐, 멋지게 살자 생각할 때. 내가 하고 싶은 것, 내가 갖고 싶은 것을 맘껏 하는 친구도 있을 것이고, 누리지 못하는 것에 대해 부모 탓을 하는 친구도 있을 것이다.

희연아. 끊임없이 종잣돈을 모아라, 투자하라는 엄마 말이 속물처럼 보일 수도 있다는 것을 안다. 그러나 너의 경제적 자유는 너 스스로 터득하지 않으면 안 된다. 부모로부터 재산을 물려받아도 그것을 제대로 관리할 줄 모르면 그대로 다 날아가는 게 돈이다.

투자 공부에 따라 너의 경제적 자유는 달라진다는 걸 명심하길 바란다. 투자 공부를 빨리 시작하길 바란다. 돈을 모으기 위해 애쓰고, 모은 돈을 굴리고 불리기 위한 투자를 위한 공부를 하길 바란다. 그 공부와 실행에 들인 시간이 너의 월급이란 노동소득을 자산소득으로 옮기게 해줄 것이다.

그렇게 되면 노동수익과 더불어 자산소득으로 수익의 파이프라인이 늘어난다. 그리고 파이프라인이 많을수록 너의 노동수익 비율은 줄어든다.

그래서 연봉도 중요하지만, 연봉이란 노동수익을 자산으로 이동시켜서 자본수익을 키우는 것이 중요하다. 부자는 연봉이 아닌 자본수익을 통해 만들어지기 때문이다.

가치와 가격 차이를 알아라

오늘은 제주 하늘이 더할 나위 없이 아름답다. 이런 멋진 하늘을 너희들과 맘껏 누릴 수 있어서 참 좋다.

인터넷으로 카페 검색을 하던 너희들이 말했다.

"커피값이 조금 비싼데 뷰 값이 더해진 거겠지?"

너희들의 대화를 듣다 생각했다. 그 안에 있는 가격과 가치의 의미를 이야기해줘야겠다고 말이야. 자, 오늘 주제는 가치와 가격의 차이다.

너희들이 말한 뷰 값이 더해진 카페는 바닷가에 있는 곳이다. 그곳에서 바라보는 풍경은 정말 아름답다. 앞으로는 바다가, 뒤로는 한라산이 그대로 보이는 곳이니 말이야. 뷰 가치가 높은 가게와 그렇지 않은 가게는 땅값도 다를 것이다.

우리가 물건을 구매할 때 '이거 얼마예요?'라고 묻는 것은 가격이다. 물건뿐만 아니라 음식도 그렇고 서비스도 그렇고. 집에도 당연히 가격이 매겨진다. 집값은 지역에 따라, 환경에 따라 다르다. 왜냐하면 가격에는 가치가 담겨 있기 때문이다.

얼마 전 엄마는 서울의 한 호텔에서 갈비탕을 먹었다. 갈비탕 한 그릇이 4만 원이 넘었다. 보통 갈비탕보다 배는 비싼 가격이지. 하지만 고급스러운 인테리어와 친절한 서비스 등 고급 호텔의 가치가 그 갈비탕 값에 매겨져 있는 것이다. 물론 맛도 아주 좋았다. 함께 간 사람이 말했다.

"갈비탕 한 그릇으로 몸보신한 느낌이네요."

가격은 고객이 받아들일 수 있는 가치를 담고 있는 숫자인 것이다. 4만 원이 넘는 갈비탕이 맛도 별로, 서비스도 별로였다면 그 가격을 내고 먹을 사람이 없을 것이다. 호텔 입장에서는 그 가격을 매길 때 호텔의 가치를 담아 4만 원이 넘는 갈비탕을 만들어낸 것이고.

가격을 보고 그것이 내가 구매하려고 하는 가치가 담겨 있는지를 보는 눈이 필요하다. 집을 예로 들어보자.

강남의 집값은 다른 지역의 집값보다 비싸다. 그 이유는 강남만이 가진 일자리와 교통, 학군이 밀집되어 있기 때문이다.

한강까지 곁에 있으니 어느 누가 생각해도 살고 싶은 곳이다. 그러나 공급되는 물량은 별로 없다. 한번 자리 잡은 사람들이 이사하지 않으려고 하기 때문이다.

사람들은 마치 '강남 입성'이 최종목표인 듯 투자를 하기도 한다. 누군가는 거품이라고 하지만 최고가를 경신하면서 그 가격에 구매하는 사람들이 많다. 그만큼 가격이 비싸더라도 그것의 가치가 그 값을 한다고 판단한 것이지. 따라서 모든 물건을 볼 때, 특히 아파트를 볼 때 가격만 볼 게 아니라 그 가격에 맞는 가치를 담고 있는지를 봐야 한다.

집을 보러 다니다 보면 가격이 정말 저렴한데 위치가 좋아 앞으로 더 좋은 가치를 발할 곳이 보일 때가 있다. 이런 걸 '저평가' 되어 있다라고 한다. 이런 걸 찾는 것이 투자에서는 아주 중요하다. 그 눈을 공부와 실전을 통해 얻어지는 것이고. 눈을 기르는 게 투자에서는 아주 중요하다.

가격에는 가치도 담겨 있지만 물가란 것도 함께 담겨 있다. 가치를 올린다고 가격을 무조건 올릴 수 있는 것이 아니기 때문이다.

요즘 식당에 가면 이런 문구를 많이 보게 된다.

'식자재비와 인건비 등 인상으로 가격을 올렸습니다.'

어제 갈치 조림이 유명하다는 제주 맛집에 갔을 때도 붙어 있어서 인플레이션이 정말 많이 오르고 있다고 생각했다.

그 식당들은 음식이나 시설의 가치가 올라서 가격을 올리는 게 아니다. 문구 그대로 '식자재비와 인건비' 등 다른 물가가 올라서 가격을 올린다는 것이다. 그리고 물가란 인플레이션과 관련이 있다.

코로나 사태로 전 세계는 경기를 살리겠다며 상당한 양의 화폐를 찍었다. 이렇게 찍어낸 화폐가 유통되는 양의 증가를 유동성의 증가라고 말했다. 통화량이 증가했다는 것을 뜻하지.

통화량의 증가란 시중에 풀린 즉, 시중에 나와 떠다니는 돈의 양이 증가했다는 것이다. 이러한 유동성 증가는 그 이전과 비교할 수 없는 자산인플레이션을 일으키게 된다. 아파트 가격이 단 몇 년 만에 올라간 이유 중 하나는 코로나 이후 시중에 떠도는 돈이 아파트로 옮겨간 것이다.

정부는 집값을 잡겠다고 규제란 규제를 다 쏟아내는 한편, 유동성을 늘리고 있으니 공부를 하지 않는 사람들로서는 어디에 집을 사야 할지 말아야 할지 헷갈릴 정도다.

유동성 증가는 화폐가치를 떨어뜨린다고 했다. 가치는 희소성이 있을 때 커지는 것. 앞에서 말한 강남아파트를 생각해보길 바란다. 공과금, 대중교통요금, 채솟값, 과일값 등이 오른다는 지금의 가격상승은 순전히 화폐가치가 떨어져서 그런 것이다.

집값도 마찬가지다. 월세와 전세, 집값이 그대로인데 값이 올라가는 건 가치가 올라갔다고 볼 수 없다. 가치가 오른다는 건 기능이 우수해진다거나 정말 그것밖에 없다는 희소성을 갖거나, 영원히 그 가치가 변하지 않아야 한다. 금 같은 것이 대표적인 경우다.

그렇다면 자산 가격이 올라가는 와중에도 변함없는 월급을 받는 사람의 노동 가치는 어떻게 되는 걸까? 또한, 은행에 저축해놓은 돈은 어떻게 되는 걸까? 숫자에 변함이 없다고 각자의 가치를 지키고 있다고 생각한다면 앞에서 설명한 금융자본 시장의 규정을 이해하지 못하고 있는 것이므로 다시 한번 읽어보길 바란다.

코로나 19로 자영업자들은 힘든 시기를 보내고 있다. 오리고기 집을 하는 사람은 겨울이면 찾아오는 조류인플루엔자만으로도 힘든데 코로나까지 겹치면서 거의 공황상태라고 말하더구나. 정부는 힘든 자영업자들을 위해 현금지원을 한다고 하면서 돈을 푼다고 한다. 그렇게 되면 돈의 가치는 더 떨어질 것이다. 게다가 저금리로 인해서 대출은 더 증가했다.

정부에서는 이런저런 규제로 당분간 대출을 규제하면서 억제하고 있지만 결국에는 다시 대출을 다시 풀 수밖에 없게 될 것이다. 그렇게 되면 보이지 않는 돈은 그만큼 늘어날 것이며,

현금 가치는 낮아질 것이다. 모든 것들의 가격은 상승할 것이고.

희연아. 이제 물건을 살 때 싼 가격에만 눈을 돌리면 안 된다. 부동산에서도 가격과 가치는 존재하지만, 꼭 비례하지는 않는다. 그래서 위에서 말했듯 저평가된 물건을 발견할 수 있는 눈을 길러야 한다는 것이다. 열심히 발품 팔고 손품을 팔다 보면 눈이 길러질 테니 지레 겁먹지는 말길 바란다.

오늘도 우린 쇼핑을 할 텐데 적당한 가치를 담은 가격인지 비교해보길 바란다.

4

좋은 대출과 나쁜 대출

　오늘도 제주의 하늘은 더할 나위 없이 맑았다. 우리는 동네 책방 지도를 들고 제주도에 있는 책방 두 군데를 다녀왔다. 동네책방은 큰 서점과 달리 정이 느껴진다. 책방 주인과 이런저런 이야기를 하는 것도 좋고.

　그러나 오늘 가장 좋았던 건 너와 단둘이 함께한 시간이었단다. 너를 낳고 지금까지 키웠으니 우리가 함께한 시간은 많다. 그러나 이렇게 단둘이 지내는 시간은 그리 많지 않았다. 넌 공부에 쫓기고 난 일에 쫓겼으니까. 이제 제주도를 떠나면 너는 학교로 떠날 것이고, 나 역시 일하느라 다시 바빠질 것이다. 그러니 지금 이 시간이 얼마나 소중한지 모른다. 희연아, 우리

지금을 맘껏 즐기자꾸나.

오늘도 엄마는 너에게 재테크 편지를 쓴다. 너의 경제적 자유를 위해서.

오늘 이야기는 대출이다. 대출은 자본주의 사회에서 없어서는 안 되는 제도다. 대출을 통해 사업 규모와 투자의 규모가 달라진다. 오늘날 자본주의 사회가 더욱 발달할 수 있었던 데는 대출이 큰 몫을 했다. 자기 자본만으로 할 수 없던 사업들이 대출을 통해 가능해졌기 때문이다.

하지만 대출에는 이자라는 대가를 치러야 한다고 말했었다. 따라서 대출은 이자를 낼 수 있을 만큼 얻어야 한다. 이자를 제때 내지 못하면 최악의 경우 파산을 할 수도 있기 때문이다. 대출뿐만 아니라 세상 모든 일은 과하면 항상 탈이 나는 법이다.

엄마가 부동산중개업을 하기 전 직장생활을 할 때였다. 막내 도원이의 분만예정일이 얼마 남지 않았을 때 집주인으로부터 연락이 왔다.

"제가 결혼하므로 만기 때 집을 빼주셨음 좋겠어요."

전세 계약 기간은 보통 2년. 2년이 지나면 보증금을 시세에 맞춰 올려주거나 이사를 해야 한다. 요즘은 전세계약갱신청구권으로 2년이 지난 후 한 번은 5% 한도 내에서 올리도록 법이 정해졌다. 그래서 세입자들 부담이 덜해지긴 했다.

계약 기간이 만료돼 이사를 해야 하니 집들을 알아보기 시작했다. 그런데 주변에 아무리 가격이 낮은 집을 봐도 최소한 5천만 원은 더 있어야 했다. 결국 우리는 전세자금대출을 받아 이사할 수밖에 없었다.

이사 후 도원이를 낳고 산후조리를 하면서 전세자금대출과 집 담보대출에 대해 생각했다. 집을 담보로 대출받아 집을 구매하면 오르는 집값은 내 몫이지만, 전세자금대출은 집값이 오르면 더 오른 전세자금을 마련하기 위해 더 대출을 받아야 하는 상황이 된다는 걸 깨달았다. 그러니 돈이 조금이라도 모이면 전세자금 대출을 서둘러 갚기 바빴다. 물론 엄마아빠 월급보다 집값이 오르는 속도는 무섭게 빨랐고.

"2년에 한 번씩 집주인 눈치 보면서 이사를 하는 것도 지친다. 다음엔 집을 사서 이사하자."

엄마의 말에 아빠는 깜짝 놀랐다.

"아니 우리 형편에 집을 어떻게 사? 그 돈을 언제 다 모아?"

엄마도 몰랐고 아빠도 몰랐다. 우리 역시 자본주의에 대한 공부가 안 되어 있었기 때문이다.

도원이까지 낳고 나자 세 아이를 월급만으로는 도저히 키울 수 없다는 생각이 들었다. 엄마가 직업을 바꾼 이유였다.

대출에는 좋은 대출이 있고 나쁜 대출이 있다. 전세자금

대출은 앞에서 말한 대로 전세를 사는 내가 받아도 사실은 집주인을 위한 대출인 것이다. 그에 반해 집 담보대출은 우리를 위한 대출이다. 전세자금대출은 우리 관점에서 집주인 대신 대출 이자를 내면서 집주인의 자산을 키워주는 나쁜 대출인 것이다. 이에 비해 집 담보대출은 우리의 자산을 키우는 대출이다. 따라서 좋은 대출인 것이다.

대출 이자를 감당하면서 시간이 지나다 보면 집값은 오른다. 집값은 대출 이자 이상의 수익을 내고. 이것이 바로 지렛대, 즉 레버리지라고 하는 것이다. 집주인에게 우리의 전세보증금은 무이자대출과도 같은 것이고. 우리의 전세보증금은 집주인에게 레버리지가 된 것이다. 그래서 사람들이 매매와 전세가의 차이를 이용한 갭투자를 하는 것이다.

하지만 모든 대출이 이렇게 수익만을 남기는 것이 아니다. 독이 되는 경우도 있다. 수익이 아니라 비용으로 쓰이면서 마이너스로 만들기도 한다. 따라서 항상 계산을 잘해야 한다. 전세보증금이 좋은 레버리지가 되기도 하지만 전세보증금이 항상 2년에 한 번씩 올라가기만 하지는 않기도 하기 때문이다.

엄마가 투자를 시작한 지 얼마 후 동탄의 대량입주가 시작되었다. 당시 초보 투자자였던 엄마는 입주 물량 계산을 미처 하지 못한 채 투자금이 작은 것만 계산하고 매수했다.

그런데 입주 물량이 많다 보니 전세가가 한없이 떨어졌다. 그러자 떨어지는 전세가를 버티지 못하고 마치 물건을 떨이하듯 낮게 팔고 나간 사람도 있었고, 전세보증금을 돌려주지 못해 파산한 사람도 있었다. 나는 기금대출을 통해 다행히 위기를 벗어날 수 있었다. 이후 동탄 아파트값은 안정세를 찾고 오르기 시작했다.

2년에 한 번씩 5%의 보증금을 올려주면서 10년째 사는 사람이 있다. 첫 전세자금은 대출을 이용한 것이고. 계약갱신할 때마다 엄마는 그 사람에 묻곤 한다.

"아이들도 있는데 집 장만 안 하세요?"

"집은 내가 사는 것이 중요하지, 꼭 소유할 필요는 없다고 생각해요."

엄마는 당연히 그가 안타깝다. 그러나 각자 사고가 다르고 삶의 방식이 다른 데다 가족도 아닌 남에게 뭐라 말할 수 없다. 그 사람 역시 차는 언제나 좋은 외제 차를 탄다. 차는 현금으로 구매하기보다는 보통 할부나 대출이지. 그 사람의 차가 대출이든 할부이든 거기에는 이자가 들어간다. 차는 시간이 지날수록 감가상각이 이루어져 값이 내려가는 것이고.

대출을 받을 때는 이자 이상의 수입이 있을 때 받아야 한다는 걸 잊지 말기를 바란다. 감가상각이 이루어지는 대출은 결국 나쁜 대출이다. 소모성 대출인 것이므로. 물론 더 큰 수익을 내기 위해 고급 차를 이용하는 예도 있다. 그러나 그 사람은 엄마가 보기에는 과시하기 위한 것처럼 보이니 나쁜 대출인 것이다.

대출을 무조건 안 좋게 생각하는 사람들이 많다. 이자를 감당하지 못해서 일어나는 사건·사고에 대한 뉴스와 주변으로부터 대출 이자를 갚지 못해 파산하거나 고생하는 경우를 듣기 때문이다. 그래서 대출이 하나도 없다는 걸 자랑삼아 이야기하는 사람들도 있다.

그러나 엄마가 아는 부자들은 대부분 대출을 지렛대로 이용하고, 자녀에게 증여하려고 일부러 대출을 받기도 한다. 세금을 줄이기 위해서. 이건 부담부증여란 건데 좀 복잡할 수도 있는 이야기이므로 네가 어느 정도 공부가 된 다음 다시 이야기할 기회가 있으리라고 본다.

다시 말하지만, 감당할 수 있을 만큼의 대출은 자산을 구매하기 위해 돈을 모으는 시간을 절약한다. 그리고 그 자산가치의 상승속도는 대출 이자의 현금 가치를 훨씬 넘어선다. 무조건 대출은 무서워하는 것도 안 되고, 과한 대출은 더더욱 안 된다.

투자의 시작과 끝은 시간

시간의 투자에는 두 가지가 있다. 공부를 위한 시간과 내가 뿌려놓은 투자의 씨앗이 자라는 시간. 그런데 투자시장에 처음 진입하는 사람들은 이 시간의 중요성을 잊고 있는 경우가 더러 있다. 언론이나 인터넷, 혹은 각종 카톡방에서 보는 성공담을 따라 했으니 금세라도 그들처럼 자산을 불릴 수 있다고 생각하기 때문이다. 스스로 투자에 들인 시간은 생각하지 않고 말이야.

최근 들어 이런 사람들이 더 많아지고 있다. 투자하는 사람들 마음이 급해진 것이라고 생각한다. 그래서 1, 2천만 원 번 것은 시시하게 생각한다. 단 몇 개월 만에 1, 2억 원 벌었다는 사람들의 성공담이 사방에 널려 있기 때문이다. 그러나 모든 투자는 시간이다. 똑같은 매물이라도 누가 더 오래 갖고 있느냐에 따라 결과가 달라지는 것이다.

엄마가 중개업을 처음 시작했을 때였다. 할머니 두 사람이 사무실로 들어왔다. 그들은 투자금 2천만 원, 투자 기간 2년을 원칙으로 삼았다. 즉 2천만 원 갭으로 아파트를 사들여서 2년 후 2천만 원이 오르면 파는 것이었다. 그때는 임대차계약갱신청구권이 없었을 때이므로 2년이 투자 기간의 기준이었지만 요즘은 4년을 생각해야 한다.

나는 그들이 요구하는 갭 2천만 원 매물을 찾아서 안내했다. 그리고 그들은 2년 전세 만기가 돌아오기 5개월 전쯤 전화해서 시세를 물었다. 2년 전보다 당연히 가격은 올라 있었다. 그들은 매도를 해달라고 했다. 그들은 수수료등을 제하고 2천만 원 정도 수익을 남겼다. 그리고 다시 2천만 원에 맞춰서 다른 매물을 찾았다.

내가 처음 투자를 한 것은 2014년이었다. 중개업을 시작하면서 투자를 같이 시작했다. 투자금이 얼마 없었던 나는 처음에는 종잣돈을 모으면서 공부를 했다. 그리고 종잣돈이 모이자 그 할머니들처럼 갭으로 아파트를 한 채 구매했다. 또 돈이 모이면 적은 돈으로 아파트를 한 채 사고.

당시에는 주택임대사업자 제도가 있었다. 8년을 갖고 있으면 세금혜택을 주는 제도였다. 엄마는 그것들을 주택임대사업자로 등록했다. 주변에서는 8년 동안 어떤 일이 벌어질지도 모르는데 묶어놓으면 어떡하느냐고 걱정했지만, 엄마는 너희들 대학 등록금이라고 생각했다. 그리고 지금은 코로나 19로 인한 유동성 혜택으로 그 아파트들은 가격이 크게 올랐다.

물론 힘든 시기가 있었다. 앞에서 말했던 것처럼 역전세난으로 전셋값이 떨어질 때였다. 다행히 방법을 찾아 위기를 넘기고 나니 지금과 같은 여유를 갖게 된 것이다. 대표적으로 시간에 투자한 경우다.

지난 2019년부터 2021년까지는 진짜 부동산 시장의 호황기였다. 그 시기에는 어떤 지역 어떤 아파트를 매수해도 돈을 벌었다. 그러자 개인 투자뿐만 아니라 법인 투자도 급속히 늘어났다. 자본력이 있는 젊은 사람들은 공격 투자를 하면서 돈을 많이 벌기도 했다. 그러자 그들은 소위 '부동산전문가'가 되어 유튜브등 이곳저곳에서 강의를 시작했다.

그들의 특징은 시간을 고려하지 않는 투자를 이야기한다는 것이다. 하락장을 겪어보지 않은 이들은 하락장이 얼마나 무서운지 모른다. 단 몇 개월 만에 500만 원, 1천만 원을 벌었다고 이야기하기도 한다. 마치 부동산을 주식 투자의 단타처럼 이야기한다. 단타란 단기 투자를 말한다.

물론 엄마도 단타를 하긴 한다. 여러 개의 물건 중 길게 가져갈 것과 짧게 가져갈 것을 구분해야 하기 때문이다. 여기에도 당연히 시간 투자가 필요하게 마련이다.

희연아. 시장은 움직이는 것이다. 시장은 시간에 답을 한다. 오르고 내리고의 진폭의 차이는 있지만, 주식이든 아파트든 우상향 수익선을 그릴 수밖에 없다. 그 이유는 앞에서 말한 통화량의 증가 때문이다.

그러니 가격이 내려갈 때는 떨어진다고 걱정하지 말기를 바란다. 다만 네 통장의 현금 흐름 상황에 따라 유연하게 대응하란 것이다. 투자는 천천히, 그리고 끈기가 있어야 한다. 시장에서 손해 보는 사람은 급한 사람이라는 것, 잊지 말기를 바란다.

특히 부동산 중에서도 재개발, 재건축, 토지는 시간 투자가 필수다. 그래서 오래 걸린다고, 언제 개발될지 모른다고 아예 안 보는 사람들도 있다. 그러나 대한민국은 땅이 좁은 나라다. 개발은 계속된다.

물론 당장 개발이 안 되기도 하지. 그런데 개발이 안 되더라도 나라에서는 매년 공시지가를 올린다. 물론 세금을 거두기 위한 것이겠지만 값은 오르게 되어 있다는 것이다.

어찌 됐든 건물의 노후화는 점점 더 심해지고 새 아파트값은 많이 오르다 보니 이젠 재개발을 위한 빌라와 재건축이나 리모델링을 해야 하는 오래된 아파트까지 가격이 오르고 있다. 이런 곳에 투자했다면 언제 될지 모르지만, 그냥 될 때까지 기다리면 된다. 소액을 투자하고 잊고 있다 보면 언젠가 놀랄 만한 시세로 변해 있을 테니까.

1년 반 전, 엄마는 경기도 양주의 임야를 경매로 낙찰받았다. 양주신도시가 커지는 걸 보면서 언젠가는 뭐가 되겠지 생각하면서 잊고 있었다.

그런데 얼마 전 그 땅을 아파트 부지로 개발한다면서 내가 낙찰받았던 가격의 5배를 제시했다. 이런 행운은 공부하고 시간을 투자하면서 기다린 결과다.

공부하지 않고 다른 사람의 성공사례만 보면서 따라다니는 사람은 하루하루가 조급하다. 그들은 갭 투자를 하고 매일 그 아파트 시세를 들여다보면서 값이 얼마가 올랐네 떨어졌네 생각한다. 그 시간에 책을 보고, 현장을 가고, 좋은 강의를 들으면서 시간을 보내면 좋을 텐데 말이다.

투자도 씨앗을 뿌리는 일과 같다. 자라기 위해서는 절대적인 시간이 필요하다. 그리고 네가 투자한 그 시간은 너의 경제적 자유를 앞당겨줄 것이다. 투자하는 시간의 시작이 빠르면 빠를수록 그 시간은 단축될 것이고. 기억하렴. 투자에서 가장 큰 수익을 주는 건 시간이란 걸.

모든 부자는 책을 읽는다

희연아. 그동안 입시공부를 하느라 통 책을 읽지 못했던 네가 요즘 제주에 와서 책 읽는 모습을 보고 엄마가 은근히 기분 좋은 것을 알고 있는지.

책을 읽으면 부자가 되지는 않지만, 부자들은 대부분 책을 읽는다. 엄마도 부자를 따라 하기 위해 열심히 경제서와 자기계발서들을 읽었다. 지금도 읽고 있고.

나는 읽지 않으면 불안하기까지 한, 조금은 활자 중독을 앓고 있기도 하다. 어린 시절 가난했던 엄마가 책을 읽었던 것은 내가 꿈꾸는 모습으로 살고 싶었기 때문이 아닐까 생각한다. 엄마는 가난에서 벗어나야겠다는 분명한 목표가 있었으니까.

나는 매일 일간지와 경제신문을 구독해서 읽는다. 책은 1년에 약 100권 정도 읽는데 경제서와 자기계발서, 소설과 에세이 등 약 8:2 비율로 읽는 듯하다. 사람들은 바쁜 사람이 책은 언제 읽느냐고 하는데 경제나 투자, 자기계발서 등은 내용이 거의 비슷하다. 그러다 보니 읽는 시간이 그렇게 많이 걸리지 않는다.

그리고 읽는 시간을 따로 정해놓고 읽는 게 아니라 틈나는 대로 읽는다. 아침에 일어나서 밥을 하는 중에도 읽는다. 지방 출장을 갈 때는 차 안에서 오디오북을 듣기도 하고, 일하다 틈이 날 때도 잠깐씩 읽는다. 책을 읽다 보면 나도 모르게 그 사람들을 따라 하고 싶은 마음이 든다. 그러다 보면 생각이 바뀌고 행동이 바뀌게 되지.

내가 읽기와 실행을 본격적으로 하게 된 것은 약 9년 정도다. 그리고 지난 9년이란 시간 동안 나의 모습은 많이 변했다. 생각이 변한 만큼 행동도 변했고, 무엇보다 투자를 통해 경제적 불편을 겪지 않을 정도가 됐다. 앞으로도 나는 읽고 공부하면서 실행에 옮기는 것을 계속할 테니 언젠가는 진짜 부자가 될 것이라고 믿는다.

책을 읽지 않는 사람들이 가장 많이 하는 말이 시간이 없다는 말이다. 그다음 하는 말이 어떤 책을 읽어야 할지 모르겠다는 것이다.

나도 처음 공부를 시작할 때, 그리고 투자를 시작할 때는 막막했다. 그래서 인터넷에서 이런 책은 꼭 읽어야 한다는 독서 목록 리스트를 보고 도서관에 가서 빌려 읽곤 했다. 그런데 처음 그런 책을 읽다 보니 읽기는 읽는다만서도 무슨 말인지 모른 채 읽기 일쑤였다. 그래도 읽었다. 그러다 보니 어느 틈엔가 용어가 들어오고 내용이 파악됐다.

어떤 책을 고를지 모를 때는 네게 맞는 쉬운 책을 골라 읽기 바란다. 지은이가 직접 경험하고 실전을 다룬 책도 있지만, 한두 번 경험을 성공담 삼아 쓴 사람들이 의외로 많다. 그리고 경험 없이 이론만을 늘어놓은 책도 많다.

초보자가 가장 읽기 좋은 책은 실전에 필요한 책이다. 그래야 당황해서 실수하는 일이 덜하기 때문이다. 부동산 투자를 하기 위해서 찾아오는 사람 중에는 등기가 뭔지도 모른 채 오는 경우도 있단다. 부동산 매매를 할 때 사용하는 용어, 투자 용어 등은 미리 알아두면 좋다. 그것들을 외우려고 하면 사실 잘 외워지지 않을 수도 있다. 그런데 비슷한 내용의 책을 여러 권 읽다 보면 내용정리를 따로 하거나 외우지 않아도 자연스럽게 머리에 들어온다.

책과 달리 신문은 현재의 시장 상황을 알 수 있게 한다. 제목만 보고 넘어가는 기사도 있지만 스크랩해서 다시 봐야 할 기사도 있다. 신문은 변하는 시장을 읽는 데 가장 유효한 것이다.

신문은 내용이 다소 딱딱하다. 그래서 읽기가 지루하지. 숫자나 그래프, 용어 같은 것은 대체 무슨 말을 하는지도 모르겠고. 그러나 읽다 보면 보인다. 요즘은 경제신문 내용을 풀어주는 유튜버도 있고 블로거도 있으니 참고하면서 읽으면 도움이 된다.

그러나 한 가지, 신문 기사를 그대로 믿지 말기를 바란다. 기사를 자세히 보다 보면 치우친 게 보인다. 왜 이 기사를 썼는지가 보이지. 그것을 보기에는 시간과 공부가 필요하다. 그러기 위해서는 꾸준히 읽는 수밖에 없고.

또 한 가지, 요즘은 여러 투자정보를 나누는 카톡방도 많고, 본인들의 칼럼들을 유료화해서 파는 경우도 많다. 엄마는 필요에 따라 그 자료들을 사서 읽는다.

신문과 책, 블로거 투자정보 등 닥치는 대로 틈틈이 읽으면서 엄마는 그것을 블로그나 다이어리에 정리한다. 그렇게 하다 보면 내 생각도 정리할 수 있어 좋다. 아마도 이런 일련의 작업이 투자에 대한 사고를 깊게 하고, 눈을 넓혀준 게 아닐까 생각한다.

책을 많이 읽으면 꼭 부자가 되는 건 아니다. 그러나 부자들은 책, 잡지, 신문 등 읽는 게 정말 많다는 걸 다시 한번 말한다.

경험을 능가할
완벽한 지식은 없다

금융 지식이 많은 경제학자나 경제 전문가들은 모두 부자일까? 부자도 있겠지만 모두 부자는 아니다. 물론 그 지식이 투자하는 데 도움이 되므로 전문가가 아닌 우리는 많이 읽어야 한다. 그러나 지식이 반드시 투자를 위한 필수조건은 아니다.

엄마와 같이 중개업을 하는 한 사람은 유달리 불안감이 크다. 일하면서도 뭔가 잘못될 경우의 수를 원천차단하곤 한다. 그래도 투자는 하고 싶어 해서 내가 적당한 물건이다 싶어 권하면 이 아파트는 오래돼서 안 되고, 저 아파트는 지방이라서 안 되고, 그 아파트는 원래 얼마짜리였는데 너무 올랐다며 안 된다고 했다.

그러다 드디어 자기에게 맞겠다 싶은 매물이 나와서 투자를 하게 됐다. 그가 구매한 물건은 일산의 대형 아파트. 공인중개사이므로 기본적인 실전 지식은 당연히 많았다. 그 아파트를 구매한 후 그는 아파트 실거래가 앱인 호갱노노와 네이버부동산, 부동산 전문 블로그 등 인터넷 사이트를 매일 보고 경제기사를 매일 읽으면서 공부를 했다.

글을 읽다 부정적인 기사를 보면 그 기사의 진위를 묻기도 하고, 유튜버 강의를 듣다 이해가 안 되는 것이 있으면 나에게 다시 한번 묻곤 했었다. 그러는 동안 2년의 세월이 흘러 아파트를 팔게 되었는데 꽤 큰 수익을 보고 매도를 했다. 그리고 지금은 법인까지 만들어서 투자하는 투자자가 되었다.

미처 공부를 다 하지 못했어도 일단 투자를 시작하고 나면 공부를 하지 않을 수 없게 된다. 자기가 투자한 물건을 지켜야 하기 때문이다.

내게 투자 상담을 하러 오는 사람 중에는 상담만 계속 오는 사람도 있다. 그는 아무리 설명을 하고 실행에 옮겨보라고 해도 주저한다. 그가 실전 투자에 뛰어들지 못하는 이유 중 가장 큰 이유는 앞에서 말한 부동산중개인처럼 아파트 값이 너무 올라서 떨어질까 못하겠다는 것이다. 그러면서 부동산 정책이 바뀌면, 뭐가 어떻게 되면, 그래서 가격이 내려가면 그때 하겠다고 한다. 그러나 그는 아파트 가격이 떨어져도 투자를 하지 못할 것이다. 왠지 아니? 더 떨어질 것 같기 때문이다.

그는 엄마와의 상담뿐 아니라 투자 관련 강의도 많이 듣고 책도 정말 많이 읽는다. 그야말로 진짜 '공부만' 열심히 한다.

내가 다른 사람들보다 자신 있게 말할 수 있는 건 경험이다. 나의 투자 경험도 많지만, 중개하면서 만난 고객의 간접경험까지 더하면 정말 많다. 그러면서 실전이 얼마나 중요한지 안다는 것이다. 당장 힘들어도 무리하지 않으면 해결되지 않는 일은 없다는 것도 실전을 통해 깨달은 것이다.

공부한 대로, 그래서 계획대로 딱딱 떨어지는 결과물은 진짜 몇 되지 않는다. 실전에서는 예상하지 못한 변수가 매우 많다. 그 변수를 차단할 수 있는 완벽한 공부는 없다. 그때까지 투자를 미루는 것은 그냥 지금의 삶을 유지하겠다는 것이라고 생각한다. 마음은 부자가 되겠다고 하지만 말이다.

지식으로 해결할 수 없는 변수는 경험뿐이다. 부동산 투자도 사람과 사람이 하는 일이라 경우에 따른 대응법도 저마다 다르다. 그것을 알 수 있는 것은 결국 경험이다.

그제 엄마가 통화하는 소리를 들었는지 모르겠다만서도 내가 중개한 아파트 매수자로부터 전화가 왔었다. 이번에 임차인이 바뀌게 되어 가서 보니 하수구가 막혔다고 했다. 2년 동안 임대인이 살 때도 한 번 막혀서 뚫었던 것이었다. 그러면서 그가 물었다.

"세입자가 관리를 잘못해서 막힌 것 같은데 내가 또 큰돈을 들여서 뚫어야 하는지 잘 모르겠어요. 이럴 때는 대체 어떻게 하죠?"

그는 큰일이라도 난 것처럼 전화했지만 엄마는 간단하게 말했다.

"설비업자를 불러서 왜 막혔는지 이유를 알아보고 그에 따라 비용을 누가 낼지 정하면 돼요. 그런데 이사하는 날이고 당장 설비업자를 부를 형편이 되지 않으니 임차인한테 줘야 할 장기수선충당금을 남겼다가 이유가 규명되면 그걸로 계산하면 됩니다."

그 사람은 고맙다며 전화를 끊었다. 이런 게 책에 나올까? 경험으로 배우는 것들이 책보다 훨씬 많다는 걸 기억하길 바란다. 장기수선충당금이란 단어가 나오니 이건 뭐지, 하는 표정이지만 오늘은 그냥 읽기를 바란다.

결국 투자에서 중요한 건 경험으로 배우는 산지식인 것이다. 한 번의 투자가 더 많은 공부를 하게 한다. 처음에는 본인이 매매한 작은 아파트 단지를 보다 그 지역을 보게 되고 나중에는 세계 경제를 보게 된다. 그러면서 점차 시야가 넓어진다. 투자한 것을 잃지 않기 위해 공부를 하기 때문이다.

일단 실행해야 실패해서 돈을 잃든 성공해서 수익을 보든 한다. 실패하면 실패한 대로, 성공하면 성공한 대로 투자자로서 성장하는 것이다. 그럼으로써 그다음 투자에 대해서는 자신감을 얻게 될 것이다. 그래서 엄마는 말한다. 일단 시작하면 해결된다고.

자꾸 말을 듣다 보니 돈 벌기가, 경제적 자유가 어렵다는 생각이 들 것이다. 그냥 엄마가 하라는 대로 하면 안 될까 하는 생각도 들 것이다. 그러나 네 자산을 키우는 것이다. 도움은 요청해도 실행은 네가 해야 한다. 좋은 걸 얻기 위한 길이 쉽지 않은 건 모두 같은 것이다. 그동안 넌 잘해왔으니까 투자도 잘할 수 있으리라고 믿는다. 그러니 때가 되면 일단 실행해라.

"그저 첫 발걸음을 떼면 된다. 계단 전체를 올려다볼 필요도 없다. 그저 첫 발걸음만 떼면 된다." 마틴 루터킹의 말이다.

부동산 실전
투자 비밀

1

지도를 보라

희연아, 너희들 어렸을 때 여행을 자주 했던 거 기억하지? 경제적으로 넉넉하지 않아도 잠깐이라도 나가서 바람을 쐬고 오면 자유롭고, 일상에서 벗어날 수 있어 나는 여행을 좋아한다. 덕분에 너희들과 추억이 많지.

나는 여행을 다녀오면 지도책을 펴고 우리 집에서 우리가 갔던 곳들을 지도를 따라가곤 했었다. 너희들에게 지역에 따른 특산물이나 유적지를 익히게 하기 위해서였다. 그런데 투자를 하면서 나는 그 길을 따라 개발이 된다는 걸 알게 됐다.

우리 집 벽 한 곳엔 그 벽을 거의 채우는 큰 전국 지도가 걸려 있다. 나는 너희들이 잠든 밤 혼자 그 지도를 멍하니 보곤 한다.

어떤 개발계획이 있는지, 그러면서 어떻게 길이 나는지 예상도가 그려진 지도를 보다 보면 도시를 연결하는 길들이 보이고, 그 길들을 따라 회사가 들어오는 모습이, 인구가 늘어나는 모습이, 아파트 가격이 올라가는 모습이 보인다.

부동산도 일반적인 상품들과 같이 수요와 공급에 따라 가격이 움직인다. 수요가 많아지면 공급이 늘어나고, 공급이 너무 많아지면 가격이 내려간다. 그러다 다시 공급이 줄어드는 시기가 오고 다시 가격이 오른다. 부동산 흐름에 가장 큰 영향을 주는 것은 인구, 교통, 일자리 등이므로 지도를 보면서 그 움직임을 보는 것이다.

지도 위의 길은 단순한 길이 아니다. 교통망을 보는 것이 중요하다. 따라서 지하철 노선도 정도는 외우는 게 좋다. 그 노선 중 직장이 몰려 있는 곳이 어디인지 보는 것도 중요하다.

지금 우리가 사는 수원의 영통 지도를 한번 보자. 영통구의 북쪽으로는 용인시 수지구가 있고, 남쪽으로는 화성시, 동쪽으로는 용인시 기흥구, 서쪽으로는 수원의 나머지 3개 구가 접해 있다.

지하철을 보면 영통구 위로는 신분당선(광교중앙역, 광교역), 아래로는 분당선(청명역, 영통역, 망포역, 매탄권선역)이 지나간다. 신분당선 아래로는 인덕원동탄선(아주대삼거리역, 원천역, 영통역)이 예정되어 있다.

도로는 경부고속도로, 영동고속도로, 용인서울고속도로의 진입로, 국도(42, 43호선) 등의 도로들이 지나간다. 현재는 서울이나 강남으로의 접근성이 버스가 지하철보다는 나은 편이다. 그러나 GTX-C 수원역과 GTX-A 구성역 등이 들어서게 되면 버스보다 더 빠르고 편하게 이동할 수 있다. 그런 것들이 바로 지도에 나와 있는 것이다.

부동산 수요는 실거주 수요든 투자수요든 시세 상승을 생각하고 구매하게 마련이다. 시세 상승은 투자 수요자들이 보다 적극적일 때 더 크게 일어난다. 왜 갑자기 집값이 오르는지, 그 이유가 바로 지도에 있는 것이다.

부동산 투자의 시작은 정부의 개발계획과 정책들을 읽고 그것들이 실행된 이후의 모습을 보면서 열심히 현장을 둘러보는 것이다. 지도를 보고 내가 생각하는 투자처의 현장을 직접 돌아보는 것이 중요한 이유다.

지도는 부동산 투자자들의 텍스트다. 그들은 지도에서 눈을 떼지 않는다. 지도를 볼 줄 아는 투자자가 되어야 한다. 지도와 함께 '호갱노노'나 '부동산지인', '아실' 같은 부동산 어플을 보면서 가격을 비교하고, 임장을 하는 것. 그리고 실행에 옮기는 것. 어쩌면 이것이 부동산 투자의 처음이자 끝이 아닐까.

2

현장을 가라

초보자들을 위한 부동산 강의에서 빠지지 않는 내용 중 하나가 임장이란 것이다. 임장은 부동산 실태를 알아보기 위하여 부동산이 있는 현장에 직접 가보는 활동을 말한다. 요즘 젊은 친구들은 모델 하우스와 관심 있는 지역 부동산에 들러 인터넷으로 봤던 정보들을 확인하고, 맛집을 찾아다니면서 데이트를 즐기기도 한다는구나. 이제 부동산 투자시장에도 젊은이들이 많이 들어와 있다는 것이지.

아파트뿐만 아니라 토지, 상가 등 모든 부동산은 직접 가서 보지 않으면 안 된다. 인터넷으로 보는 것은 한계가 있기 때문이다. 젊은 너희들이 토지나 상가 투자까지 할 것은 아니므로 여기에서는 아파트 임장을 중심으로 이야기를 하도록 한다.

나는 철저히 투자자 마인드를 갖고 있고 투자 경력이 좀 되다 보니 일일이 임장을 가지는 않는다. 임장을 가지 않아도 되는 곳들은 일단 계약금을 먼저 입금하기도 한다. 그래도 임장을 거르지 않는다. 현장을 가면 미처 내가 놓치고 있는 정보가 있을 수 있고, 또 현장에만 있는 급매물이 있기도 하기 때문이다.

그럼 어떻게 하는 임장이 효과적일까. 초보인 너를 위해 성공적인 임장 방법에 대해 알아보자. 무턱대고 관심 있는 아파트 단지를 다 둘러볼 수는 없는 일이니까 말이다.

먼저, 지도를 보면서 손품으로 알 수 있는 정보들을 파악한다. 거기에 하나 더, 임장을 가서 들를 부동산중개업소를 미리 알아보길 바란다. 포털 네이버 부동산에서 네가 관심이 있는 동네에서 저평가되었다고 생각한 단지를 정한 후 그 단지 주변에서 영업하는 부동산중개업소들을 찾아보면 된다.

부동산중개업소라고 해도 어떤 곳은 매물이 많기도 하고, 또 어떤 곳은 친절한 설명이 있기도 하고 다양하다. 또 수십 년 그 동네에서 토박이로 일한 중개업소가 있기도 하고, 이제 막 시작한 중개업소도 있다. 중개업소 연수를 알아보는 방법은 국가공간정보포털사이트에서 알아볼 수 있다.

그런데, 일일이 그렇게까지 찾아보기에는 시간을 많이 쓰는 일이 되므로 일단 매물이 많은 중개업소부터 차례로 전화를 돌려보면 된다. 그리고 네가 실거주가 아닌, 투자 목적이라는 것을 밝히는 것이 좋다. 그래야 피차 시간을 절약할 수 있으니까.

통화하다 보면 투자자에 대해 호감도가 높은 부동산이 있게 마련이다. 그러면 물어보렴.

"혹시 직접 투자도 하시나요?"

직접 투자를 하는 부동산중개사는 투자자에 대해 마음이 열려 있다. 그들은 영업도 적극적으로 한다. 임장을 가서 이런 중개사와 바로 만나면 일은 그만큼 훨씬 쉬워진다. 그런 중개사를 만나 약속을 정하고 찾아가면 된다.

찾아가기 전에는 인터넷을 통해 매물을 보면서 시세와 매물과 전세 개수, 계약 건수 등을 조사해야 한다. 전세를 맞춰서 잔금을 치러야 하는 갭투자인 만큼 그 단지뿐만 아니라 주변단지 전세 개수 파악도 중요하다.

책상에 앉아서 파악한 정보를 갖고 실제 현장에 가서는 다음과 같은 것들을 살펴보길 바란다.

- 단지와 주변단지와 함께 주변 환경을 본다.
- 단지 관리가 잘 되는지 확인한다.
- 외벽 상태와 주차장, 동 간 거리를 점검한다. 동 간 거리에 따라

조망권이나 일조권, 사생활침해 정도 등을 알 수 있다.

- 매물 중 1층이 진짜 저렴하게 나왔다고 하면 필로티 1층인지도 확인한다.

- 주차장에 세워진 자동차를 보면서 입주자들의 소득 수준을 가늠한다. 자동차로 소득 수준을 파악하는 것이 정확하지는 않지만 분위기는 파악할 수 있다.

- 주변 마트와 학교, 학원가, 버스정류소, 지하철역 들을 둘러본다. 교통과 학군 조사는 필수다. 단지 내에 초등학교를 품고 있는 일명 '초품아'는 그것만으로 프리미엄을 갖고 간다. 또 주변에 학원가를 둘러보고 브랜드 학원이 있는지를 살펴본다. 특히 지방일수록 학교, 학원가의 분위기를 살피는 것이 중요하다.

- 주변에 유흥시설이나 유해시설 여부를 살펴본다.

- 공원이나 수변 천이 있다면 그것들이 관리가 잘 되고 있는지, 주민들의 이용 정도가 얼마인지 알아본다.

자. 이제 부동산중개업소를 들어가 보자. 미리 전화로 상담을 하고 예약을 했으니 나름 친분이 생긴 터. 먼저 예의 바르게 인사하길 바란다. 어디 가서나 예의는 기본이다.

그다음, 중개사를 통해 그 지역의 전체적인 설명을 듣는다. 그리고 네가 인터넷을 통해 알아본 정보들을 확인한다. 지역의 대장 단지가 어디이고, 가격 차이가 얼마가 나는지 물어보면서 과거의 가격 차이와 지금의 가격 차이를 비교한다.

그리고 네가 구매하려는 단지의 로열 동이 어디인지 물어본다. 더불어 입주민들의 직업군이 대략 무엇인지, 소득 수준이 어느 정도 되는지도 물어본다. 이런 정보들을 알게 되면 아파트 가격이 올라가는 걸 얼마나 소화할 수 있는지 계산할 수 있다.

마지막으로 중개사와 함께 예약해놓은 집들을 보러 가면 된다. 아파트라고 해도 다 똑같다고 생각하면 오산이다. 관리를 어떻게 했느냐에 따라 집의 가치가 다르기 때문이다,

일단 아파트에 들어가서 확인할 것을 보자.

- 베란다 확장 등을 했는지 구조를 살핀다.
- 욕실과 싱크대 상태를 확인한다. 때에 따라서는 수리해야 한다.
- 천정에 누수 자국이 있는지 확인한다.
- 베란다에 결로 현상이 있는지 확인한다.
- 햇빛이 얼마나 들어오는지 본다.
- 수리한다면 얼마나 할 것인지, 비용을 가늠한다.

이렇게 말하지만, 사실 임장이란 것에 정확한 답은 없다. 임장을 가는 것은 내가 궁금한 걸 알기 위해 가는 것이기 때문이다. 나는 임장에서 가장 중요한 것 중 하나가 그 지역에서 나와 잘 맞는 부동산중개사를 만나는 일이라고 생각한다. 중개사와 관계를 잘 맺는다면 나중에라도 궁금한 게 있을 때 바로 전화해

서 알아볼 수 있고, 좋은 매물을 먼저 받을 수도 있다. 모든 일은 사람이 하는 것이고, 사람만큼 중요한 것이 없기 때문이다. 사실 돈도 사람이 벌어주는 것이다. 그러므로 한 번 맺은 인연을 소중하게 여기길 바란다.

다시 한번 임장시 체크 리스트와 부동산중개사를 만나 물어볼 것들을 정리한다. 너의 상황에 따라 응용해보길 바란다.

임장시 체크 리스트

- 교통 : 버스, 지하철
- 학군 : 초품아
- 상권 : 마트, 시장, 병원
- 교육 : 학원가
- 환경 : 공원, 위해시설
- 일자리 : 주변 일자리 및 소득 수준

부동산중개사를 만났을 때 질문 리스트

- 단지 내 매매 및 전세물건 수
- 시세(동, 층, 향, 수리상태 등에 따라)
- 거래량
- 최근 거래 사례(아직 거래 신고되지 않은 실거래가)
- 전세 수요
- 주변 호재 여부
- 중개사의 투자 여부

3

대중의 투자 심리를 쫓지 마라

'투자는 심리'라는 말이 있다.

지금까지 나는 투자를 하면서 무엇을 공부하고 어떤 것을 조심해야 하는지 말했다. 그러나 이런 기준들이 무시될 때가 있다. 어떤 것을 사도 오르는 상승기에는 거의 광기에 가까운 투기심리가 작동된다. 이때는 남이 사는 것을 보지도 않고 구매하기도 한다.

특히 이 시기에는 집을 갖지 못한 이들이 집값이 오르는 걸 지켜보다 더 늦추면 집을 갖지 못할 것이란 불안감에 '패닉바잉'을 하기도 한다. 그러다 보니 영혼까지 끌어모아 집을 구매한다는 '영끌'과 같은 신조어가 만들어지기도 했다.

'부동산 투자 경향은 타고난 위험 감수 성향보다는 부동산 심리나 투자 관련 군중 행동에 의해 결정된다. 부동산시장은 버블이 만들어지기도 쉽지만 버블이 급속히 꺼질 수도 있는, 시그널에 민감한 곳이다.'

서울대 사회발전연구소가 분석, 발표한 '집의 의미와 주택시장 과열의 심리 보고서'의 한 대목이다.

부동산이든, 주식이든 투자시장에는 집단으로 형성되는 군중심리가 작용하고, 그것이 투자 결정에 꽤 큰 영향을 준다. 즉, 가격이 오르면 저점 대비 많이 올라서 못사는 사람이 있는가 하면 계속 오르는 가격을 보면서 더는 늦출 수 없다고 판단, 뒤늦게 뛰어드는 사람도 있다. 마찬가지로 하락하면 이제는 하락장이어서 못사는 사람이 있고, 이제 조금 조정됐으니 구매할 때라고 생각하는 사람이 있다. 그래서 부동산을 심리 게임이라고 하는 것이다.

투자는 위험을 최대한 줄이는 것이다. 시장의 투자 심리를 따라가기보다는 그들보다 한발 앞서가거나 한 발 뒤로 물러서서 움직이는 것이 좋다. 내가 우위에서 조율할 수 있는 곳을 찾아가는 것이 중요하다. 나의 기준으로 군중이 뒤따라올 곳에 먼저 가거나 아예 다른 상품 투자를 하면서 군중과 다르게 움직이는 것이다. 그러나 이것이 쉽지는 않다. 이론과 경험을 통해 나름 무장을 하고 있어야 가능하다.

투자 심리는 매수 형태에 따라 다르게 이용하는 게 좋다. 나는 장기로 가져갈 매물은 부동산 심리가 떨어졌다 오르기 시작할 때 매수를 한다. 그러나 단타는 투자 심리가 살아있는 곳, 상승이 유지되는 곳을 선택한다. 흐름이 빨라서 사고팔기가 수월하기 때문이다.

실거주용 아파트는 그야말로 바닥일 때 사는 게 좋다. 그러나 이것이 생각보다 쉽지 않다. 아무도 사지 않을 때, 혹시라도 더 떨어질까 두려운 마음을 극복해야 하므로 용기가 필요하다. 그러나 내가 살 집이라면, 내 생활권에서 자금 여력이 되는 대로 매수하는 게 좋다. 어차피 거주하다 보면 시간이 지나면서 시세는 상승하기 때문이다.

희연아. 부동산시장은 심리만으로 결정되는 게 아니다. 정책, 공급, 호재, 입지 등 여러 상황을 고려해야 하는 상품이다. 따라서 사람들이 몰려다닐 때 나만의 기준을 갖고 객관적으로 시장을 분석하는 능력을 키우길 바란다.

시장에서 살아남고 내 투자금을 잃지 않는 것, 이것이 바로 투자다. 매수 심리가 낮아 조용한 시장에서 불안하더라도 그 시간을 잘 견디다 보면 네 자산이 늘어난 것을 발견할 것이다.

멘토를 만나라

위키 백과사전에 의하면 멘토는 그리스 신화에서 유래한 용어로 '가르침을 주는 훌륭한 선생'을 의미한다. 멘토는 지혜와 신뢰로 인생을 이끌어주는 지도자라는 의미다.

살다 보면 내가 가고 있는 길이 맞는 걸까 하는 의문이 생기기도 하고, 순간순간 결정이 망설여질 때가 있다. 이럴 때 누군가에게 물어보고 의논할 사람이 있다면, 그의 말을 통해 결정하고 다시 앞으로 나아가는 힘을 얻게 된다. 멘토는 바로 그런 조언자다.

멘토는 나를 멈추지 않고 앞으로 계속 나아가게 하는 힘을 준다. 내가 가는 길을 오래 갈 수 있도록, 힘들 때 버틸 힘을 준다.

나도 지금까지 일하고 살아오면서 낙심하고 흔들리고 힘들 때가 많았다. 기질적으로 내가 그리 강한 성격이 아니기 때문이다. 또 상처도 많이 받았다. 나의 진심과 달리 내 말이 엉뚱한 오해를 사기도 한 적도 많았다. 그래서 한때는 배신감에 그냥 때려치울까, 하는 생각도 했다.

그런데 그때 누군가가 내게 힘을 주곤 했다.

"안 죽어. 해봐. 할 수 있어. 되게 되어 있어."

나보다 경험이 많은 그는 내가 처한 상황에 대해 객관적으로 말하고, 내가 힘든 이유가 무엇인지를 정확히 파악했다. 나는 그의 말을 들으면서 다시 일어설 수 있었다.

멘토는 인격적으로, 도덕적으로 반드시 우월할 필요는 없다. 물론 그렇다면야 좋겠지만, 사람이 모든 걸 갖출 수는 없는 일. 다만 나보다 먼저 앞서간 사람, 그래서 내게 조언을 해줄 수 있는 사람이면 멘토가 될 수 있다. 나보다 경험이 많으므로 내가 부딪친 난관을 어떻게 해결해나갈지 경험과 지혜로 문제를 풀어주기 때문이다.

세상은 변해서 투자도 부동산과 주식 투자만을 하는 게 아니라 NFT(Non fungible Token, 대체 불가능한 토큰), 미술작품, 코인 등 새로운 투자상품들이 나오고 이것들을 통해 돈을 버는 사람들이 있다. 나와는 상관없이 변하는 이런 시대 변화에 따라가려면 그 '미지의 세계'로 들어가려는 용기가 필요하다. 그럴 때 자신의 경험을 갖고 격려하며 방법을 제시하는 멘토가 있다면 정말 큰 힘이 된다.

멘토는 가만히 멈춘 사람에게는 말을 해주지 않는다. 게으르고 질문이 없는 사람에게 이렇게 해봐라, 저렇게 해봐라 같은 말을 하는 것은 그냥 잔소리일 뿐이다. 무엇인가 끊임없이 시도하는 사람, 자꾸 질문하는 사람, 그래서 앞으로 나아가려는 열망이 가득한 사람. 그런 사람은 스스로 멘토를 찾게 되고, 멘토 역시 그를 향해 자기가 아는 것들을 최선을 다해 이야기해주게 마련이다.

희연아. 너는 아직 젊다. 방황하며 흔들릴 일이 앞으로 참 많을 것이다. 그때 네 인생의 방향을 함께 모색하고 바른 가치관을 갖게 해주는 멘토가 있기를 바란다. 멘토는 내가 하는 일을 오래, 잘할 수 있도록 만들어주기 때문이다.

좋은 멘토를 만나기 위해서는 일단 사람이 모이는 곳에 가야 한다. 혼자 방에만 있다면 아무도 너를 알아볼 수 없기 때문이다. 지금은 재테크 관련 이야기를 하고 있으니 재테크 분야의 학원, 스터디 모임 등을 꾸준히 다니다 보면 자연스럽게 많은 사람을 만나게 된다. 그리고 유튜브나 인터넷 유료 강의 등을 통해서도 좋은 강사를 만날 수 있다. 얼마나 진정성을 갖고 강의를 하는지, 일관성을 갖고 강의를 하는지도 살펴보도록 하길 바란다. 의외로 세상에는 가짜도 많다.

좋은 멘토는 언제나 좋은 말만 하지 않는다. 잘못하고 있으면, 엉뚱한 곳에 시간을 낭비하고 있으면 따끔하게 야단을 친다. 지쳐 있을 때는 해보자는 의욕과 동기를 부여한다. 그런 좋은 멘토를 만나길 바란다.

인연이 닿았다면 멘토의 시간을 소중히 생각하길 바란다. 너보다 시간이 더 소중한 사람이므로 그와 이야기를 할 때는 질문을 단순화시키는 것이 중요하다. 급히 먹는 밥이 체한다고, 모든 관계는 서서히, 천천히 맺는 게 좋다. 아주 괜찮은 사람을 만났다고 그에게 달려가기보다는 천천히 이메일이나 문자로 너의 상황을 이야기하고 그와 인간적으로 신뢰 관계를 맺기를 바란다.

물론 너도 다른 사람에게 멘토가 될 수 있다. 서로 소중한 멘토가 된다면 금상첨화라고 생각한다. 인생에서 좋은 친구를 만나는 것이므로. 그러니 좋은 멘토를 부지런히 찾기를 바란다. 그러는 동안 너 역시 성장하게 될 것이다.

종잣돈에 따른 부동산투자

희연아. 자꾸 종잣돈을 모아라, 모아서 투자하라고 말하니 대체 얼마만큼의 종잣돈을 모아야 투자를 할 수 있을까 궁금할 것이다. 특히 부동산 투자는 금액도 많고 해서 접근이 쉽지 않을 것이다.

종잣돈은 사람에 따라 1천만 원, 3천만 원, 1억 원 등 다양하다. 보통 소액이라고 하면 3천만 원 이하를 말하곤 했는데, 요즘은 인플레이션 영향으로 소액의 규모가 1억 원 이하라고 말하고 있다. 1억 원이라니, 벌써 낙담하는 소리가 들리는구나. 언제 1억 원을 모으나, 하고 말이다.

그런데 1천만 원, 혹은 3천만 원, 1억 원까지 부동산으로 투자한다는 것을 생각하지 못하는 사람들이 많다. 부동산은 가격이 일단 주식이나 코인 투자처럼 소액으로 할 수 있는 게 아니기 때문이다. 그러나 아직도 매매가와 전세가의 차이가 1천만 원 이하이거나, 매매와 전세 갭이 아예 없는 곳들이 있다. 특히 빌라, 오피스텔, 구축 아파트 등은 아직 매매와 전세의 갭 차이가 3천만 원 이하인 곳들도 있다.

요즘은 아파텔이라고 해서 전용면적 84㎡ 주거용 오피스텔의 경우는 아파트 대체재로 인기가 많은데, 전세가율이 높아서 1억 이하로 매입이 가능한 곳들이 있다. 이런 곳에 2년이나 4년을 묻어둔다는 생각으로 가져간다면 투자금 이상의 이익을 얻을 수 있다.

소액으로 투자를 할 때는 월세를 받는 수익형보다는 전세로 세팅을 하는 차익형 투자가 수익률이 더 높고 돈을 불리기에 좋다. 이런 걸 바로 갭투자라고 하는데, 시세차익을 목적으로 주택의 매매 가격과 전세금 간의 차액(갭)이 작은 집을 전세를 끼고 사놓는 투자 방식이다.

이자 비용 없이 이용할 수 있는 레버리지 활용법으로 전세가율이 90~100%인 곳도 있어서 잘 이용하면 좋다. 또 시기에 따라 플 피, 즉 아파트값보다 전세가가 높아 오히려 돈을 돌려받으면서 매수를 할 수도 있다. 이 경우에는 내 돈이 한 푼도 안

들어가고 아파트를 구매, 몇 년 후 시세차익을 볼 수 있다.

이쯤 되면 부동산 투자를 하기 위해 어느 정도의 자본이 있어야 시작할 수 있는지에 대한 의문이 좀 풀렸으리라고 본다. 생각한 것과 달리 적은 소액으로도 투자할 수 있다는 게 아마 신기할 것이다.

얼마 전 내가 소개한 한 사람은 청주의 구축아파트를 500만 원 갭으로 매수했다. 취·등록세, 중개수수료 등을 합해도 총 1천만 원이 채 안 드는 투자를 했다. 또 한 사람은 원주의 한 아파트를 매수했는데 투자금은 약 2천만 원이었다.

또 한 사람은 2021년 아파트값이 천정부지로 올라갈 때 주변의 아파트형 오피스텔을 구매했는데, 매맷값과 전셋값이 6억 5천만 원으로 같았다. 오피스텔의 경우 취·등록세가 4.6%로 높긴 하지만, 다주택자나 법인의 12%의 취·등록세를 생각하면 상대적으로 낮은 셈이다. 매수가격과 전세가가 같으니 투자금은 취·등록세와 수수료 등의 부대비용으로 3천500만 원이었다. 그런데 1년이 지난 후 그 오피스텔 가격은 10억 원이 넘었다.

따라서 투자는 내 형편에 맞게 얼마든지 가능하다. 네가 가진 자금에 맞춰 소액투자를 할 곳을 찾아보고, 실행에 옮기면 된다. 그러나 언제나 100% 완벽하게 쉬운 일은 없다는 것을 명심하길 바란다. 투자는 항상 위험이 따르기 때문이다.

전세가 계획과는 다르게 잔금일에 맞춰지지 않을 경우가 생길 수 있다. 이럴 때 잔금을 구하지 못하면 네가 지급한 계약금을 돌려받지 못한다. 간혹 돌려주는 매도인도 있긴 하지만, 사람 마음이란 게 자기 손에 들어온 걸 다시 내놓는다는 건 쉽지 않다. 그러므로 돌려줄 것이라는 기대는 아예 하지 말고, 혹시라도 전세가 안 맞춰지는 것에 대해 대비를 해야 한다.

가끔 모든 걸 중개사의 탓으로 돌리면서 중개사한테 당당하게 잔금을 만들라고 하는 투자자들도 있다. 조금 황당한 경우지만, 중개사가 일을 못 해서라고 탓할 게 아니라 어떤 투자도 선택의 책임은 너란 거 잊지 말고 최악의 경우를 꼭 대비하기 바란다.

그래서 또 입지가 중요하다는 말을 하지 않을 수 없다. 일자리, 교통, 학군, 편의시설 등 입지가 좋은 곳은 아무래도 전세가 잘 빠지게 된다. 그러나 그렇다고 해서 투자자가 일시에 들어간 단지라면 전세가 밀릴 수 있으므로 꼭 알아보고 매수를 결정해야 한다.

소액투자가 가능한 건 전세가율이 높은 곳이다. 실거주지수가 높은 곳이란 것이다. 전세가 매매가를 밀어 올리는 걸 보다가 불안해지면 실거주자들이 매수하는 선순환이 반복되는 곳들이다. 그럼에도 공급이 많은 곳은 어쩔 수 없이 전세가도 내려오고, 매매가도 조정을 받게 된다. 그러므로 조정기인 이 시기를 버틸 여유자금이 필요할 때도 있다.

만기가 돌아와서 이사 간다고 하는 세입자에게 전세금을 돌려줘야 할 수도 있기 때문이다. 또 새로 들어올 임차인의 보증금보다 예전 전세가가 높은, 이른바 역전세가 일어날 수 있다. 그러니 항상 여유자금을 갖고 있어야 한다.

희연아, 리스크에 대한 대비 사항에 너무 기죽어서 투자를 두려워하지 말기를 바란다. 돈이 모이는 대로 투자는 해야 한다. 그게 네 자산을 지키고 불리기 위한 필수조건이니까. 적은 돈으로도 부동산을 살 수 있고, 수익을 낼 수 있다는 것을 기억하길 바란다. 하다 보면 길이 보이고 해결하는 방법의 지혜를 얻게 될 것이므로.

엄마의 실전
부동산 투자 비밀

똑똑한 한 채가 정답은 아니다

"난 엄마처럼 책 읽는 사람을 본 적이 없어."

편하게 쉰다고 제주에 왔으면서도 엄마가 틈틈이 책을 읽고 있자 네가 말했다. 엄마가 책을 읽는 이유는 앞에서도 말했지만 부자가 되고 싶어서였다. 부자들을 따라 하고 싶었던 것이다. 책에서 만난 부자들은 모두 책을 열심히 읽으니까.

닥치는 대로 이것저것 읽던 중에 내가 모델로 삼고 읽었던 책이 백원기의 『노후를 위해 집을 저축하라』라는 책이었다. 이 책은 나를 바로 실전형 투자자로 만들고, 나에게 아파트 20채라는 목표를 세우게 했다.

아파트 한 채도 구매하지 못했던 내가 20채라는 목표를 세우다니. 그런데 그 책에서는 아파트 20채를 구매할 때 전세를 끼고 매수를 한다면 처음 2년은 힘들지만, 매년 전세보증금을 올려받아 생활비도 충당하고 재투자를 할 수 있다는 것이었다. 나는 노후를 위해 딱 20채만 준비하자고 목표를 세웠다. 그러자 당연히 적극적으로 매물을 보고 매수를 하게 됐다.

지금 사무실은 용인 기흥역에 있지만 2014년 처음 중개업소를 시작한 것은 영통이었다. 당시 영통은 전세가율이 80%가 넘는 수도권의 역세권이었다. 영통은 학군으로 유명한 곳이다. 당시 영통 아파트들은 적게는 500만 원부터 3천만 원 정도의 갭이면 정말 좋은 집을 살 수 있었다.

초보 투자자였던 나는 부동산 중개수수료로 돈이 모일 때마다 영통의 집들을 매수했다. 황골주공의 경우 매매 2억2천500만 원에 매수했는데 전세금은 2억2천만 원. 결국 취득세 포함해서 1천만 원 정도의 투자금으로 매수를 할 수 있었다.

3단지 청명 마을의 경우는 3억8천만 원대에 매수했는데 전세는 3억5천만 원. 취득세 등을 부담해도 3천500만 원이 조금 넘는 돈으로 매수할 수 있었다. 이런 식으로 영통과 매탄동, 권선동, 용인의 기흥구 신갈동 등 내가 알고 있는 동네를 중심으로 매매가와 전세가의 갭이 크지 않은 아파트를 하나씩 사서 모았다.

당시에는 주택임대사업이란 제도가 있어 매수한 아파트를 모두 임대등록을 했다. 그러나 임대등록이 된 아파트는 전세보증금을 1년에 5% 이상 못 올리는 규제가 있다. 그래서 주변의 아파트 전세 시세보다 훨씬 낮지. 그렇다 보니 역전세 걱정은 없단다. 역전세는 전세 시세가 이전 보증금보다 낮아져서 기존 세입자가 나갈 때 보증금을 빼줄 수 없을 때 일어나기 때문이다.

사실 나는 역전세 때문에 굉장히 힘들었던 적이 있다. 아파트를 매수 후 2년 후 전세보증금을 올려받으리라 생각했는데 역전세가 일어난 것이다. 겁이 났다. 전세자금을 빼줄 만한 돈을 갖고 있지 않았기 때문이지.

그때 본격적으로 대출 공부를 시작했다. 은행 한 곳을 거래하면서 그곳에서만 대출을 받아야 하는 줄 알았는데, 대출 기관은 은행 말고도 여러 곳이었다. 그뿐만 아니라 대출 방법도 다양했다. 은행을 찾아가고, 대출 상담사를 만나고, 투자 스토리를 읽으면서 방법을 찾았다.

그때의 역전세난을 해결하고 다시 전세 기간 2년이 지난 후부터는 전세보증금 5%를 올려받고 있단다. 그래서 매달 마치 황금알을 낳는 거위처럼 수익을 내고 있다. 홀수 해에 12채, 짝수 해에 12채를 각각 세팅, 결과적으로 매달 5%의 전세보증금이 들어오도록 해놓은 것이다. 5%의 전세보증금은 적어도 1천 만 원 이상. 따라서 매달 1천만 원이 들어오는 시스템이다. 물론 종부세등이 있긴 하지만, 그것 역시 그동안의 수익으로 대체 가능하다.

매매가와 전세가가 큰 차이가 나지 않아 전세 보증보험을 들었던 세입자들은 이제 그 전세 보증보험도 들지 않는다. 매매가가 많이 올랐기 때문에 굳이 들지 않아도 되기 때문이다. 전세 보증보험에 가입하는 이유는 전세금을 돌려받지 못할 경우를 대비해 드는 것이니까. 그리고 한 번 들어온 사람들은 특별한 이유가 아니고는 나가지 않는다. 인상분이 5%밖에 되지 않기 때문에 다른 곳보다 훨씬 가격이 낮기 때문이다. 그럼에도 임대 등록 매물은 보증보험 가입을 의무화하고 있어서 정책이 조금 답답하다.

그런데 투자하겠다고 아무 아파트나 사면 될까? 절대 그래 서는 안 된다. 임대가 잘 이루어지는 공실이 적은 곳, 입지적으로 좋은데 비슷한 입지의 다른 곳보다 매매가가 저렴한 곳, 그 런데 전세가율이 높아서 투자금이 작게 드는 곳을 찾아야 한다. 전세가율이 높은 곳은 왜 전세가율이 높은지 알아야 한다. 다른 아파트로 이사하기 위해 높은 전세가를 감수하는 때도 있으므로 주변 아파트 공급을 꼭 체크해야 한다.

정부의 다주택자에 대한 규제는 점점 심해지고 있다. 그럼에도 다주택자의 선택지는 다양하다. 나는 임대등록이 끝나면 매도할 것과 계속 갖고 있을 것을 구분할 것이다. 매달 들어오는 현금 비중을 늘린다면 내가 일하지 않아도 나의 생활을 윤택하게 해줄 것이고, 자산은 상승할 테니까.

요즘 뉴스에서는 똘똘한 한 채가 대세라고 한다. 그러나 나처럼 꾸준히 현금흐름이 필요한 사람에게는 똘똘한 한 채보다는 내 눈앞에서 움직이는 돈이 더 계속 들어오는 게 맞다고 본다. 똘똘한 한 채에는 투자금도 많이 들어가기 때문이다.

그러나 부동산 정책은 계속 바뀐다. 지금은 취·등록세부터 재산세, 종부세, 임대소득세까지 다주택자의 세금 부담이 워낙 크다. 따라서 어떻게 그 시장에서 살아남을 것인가 새로운 전략이 필요하다.

2

사고파는 동안 일어나는
마법의 기술

 돈을 벌기 위해서는 목표가 필요하다. 막연하게 부자가 되고 싶다, 경제적 자유를 찾고 싶다 하는 것은 추상적이다. 구체적인 목표를 세워놓고 그것을 위해 실제 움직이는 것, 그것이 중요하다.

 나는 가난이 싫었고, 너희들에게 가난을 물려줄 생각을 하면 두려웠다. 어떻게 해서든 너희들에게 가난을 대물림하고 싶지 않았다. 그래서 아파트 한 채를 구매할 때마다 목표를 세웠다.

 처음 아파트를 구매할 때는 너의 대학 등록금과 결혼자금, 두 번째 집은 소윤이, 세 번째는 도원, 그리고 나와 아빠의 노후를 위한 것으로 목표를 설정했다.

아빠는 앞으로 10년 정도 더 직장을 다닐 수 있을 것 같다. 그러나 요즘은 기대수명이 길어 한 90세쯤 되는 것 같다. 그렇다면 은퇴 후 30년 동안 쓸 돈이 필요하다. 너희 셋의 학비와 결혼자금, 거기에 은퇴 후 우리의 생활자금까지 생각하면 정말 돈 관리를 잘하고, 자산을 잘 불리지 않으면 안 된다.

희연아. 너희 세대도 우리와 별반 다를 게 없을 것이다. 어쩌면 더 치열한 자본주의 사회가 될 것이다. 그러므로 일단 종잣돈을 모아라. 그다음에는 부동산 투자 공부를 하면서 아파트를 매수해라. 네가 가진 종잣돈을 바탕으로 대출 없이 전세를 끼고 아파트를 한 채씩 사서 모으면 된다. 종잣돈이 얼마나 되는지는 조금씩 차이가 있겠지만, 1천만 원이라도 모으면 그것으로 투자를 하길 바란다.

얼마 전 나처럼 투자하는 친구가 한 후배에게 충남 서산에 있는 아파트를 구매하라고 권했다. 갭 1천만 원 정도면 구매할 수 있는 아파트였다. 그런데 그 후배가 이렇게 말하더란다.

"에이, 서울도 아니고, 학군도, 교통도 안 좋은 그 아파트를 사서 뭐해?"

그가 가진 종잣돈은 불과 300만 원. 그 친구는 직장인 대출을 받아서라도 그 아파트를 구매해두면 나중에 이익이 될 것 같아 조언한 것인데 말이다.

서울 아파트, 당연히 좋다. 그러나 지금 살 수 없으면 다른 것을 사고팔면서 자금을 모아야 한다. 사고파는 동안 복리의 마법이 일어나므로 저절로 돈이 불어날 것이기 때문이다. 그러다 보면 언젠가 좋은 서울의 아파트를 살 수 있게 된다. 서울의 아파트를 돈을 모아 사는 것은 굉장히 어려운 일이니까.

한 번 산 부동산은 팔지 않는다는 사람도 있다. 그러나 현금 흐름이 꼬이면 팔아야 하고, 더 좋은 상급지로 가기 위해서, 더 똑똑한 한 채를 사기 위해서는 당연히 팔아야 한다.

투자처로서
좋은 아파트를 고른다

    나는 첫 투자를 아파트로 시작했다. 투자를 시작할 때 가장 접근하기 쉬운 게 아파트이고, 다른 투자처보다 리스크가 작다고 생각을 했기 때문이다. 어차피 사람은 먹고, 자고, 쉬는 집이란 곳이 필요하니까. 따라서 상가나 토지, 지식산업센터처럼 선택자의 폭이 작은 것보다는 마음이 편했다. 이후 투자를 하면서 경매로 토지도 낙찰해보고, 토지도 직접 매수하기도 했지만 그래도 아파트 투자가 가장 접근이 편한 것 같다.

    자, 그럼 어떤 아파트를 구매하면 좋을지 알아보자꾸나.

    나는 가장 먼저 전국 아파트 가격의 흐름을 본다. 지역의 공급 여부, 청약 경쟁률, 미분양 정도와 실제 거래량, 외지인 매수

정도, 전세가율 등등 골고루 보고 분석한다. 그런 다음 투자금이 내가 접근할 만한지, 내가 왔다 갔다 하면서 관리할 수 있는지 등등을 따져본다.

그다음에는 교통, 교육, 그 외의 생활여건 등의 입지를 따져보고, 그 지역의 대장 아파트의 가격을 본다. 내 투자금으로 매수가 가능한 갭이 작은 아파트가 대장 아파트면 좋겠지만, 그렇지 않을 땐 갭이 작은 2, 3급지 아파트의 가격을 보는 것이다.

그리고 대장 아파트와의 예전 갭의 흐름을 본다. 즉, 예전에는 갭이 5천만 원 정도였는데 최근 들어 갭이 1억 원이나 1억5천만 원으로 벌어졌다고 하면 그 갭이 다시 줄어드는 시기가 오게 마련이다. 왜냐하면 대장 아파트 가격이 먼저 상승을 하기 때문이다.

그러나 아파트는 신축만 오르지 않는다. 2, 3급지 아파트도 가격이 오른다. 그러다 보면 2, 3급지 아파트의 갭도 벌어지고, 대장 아파트처럼 다시 갭이 줄어드는 시기가 온다. 그때, 즉 전세가 올라서 갭 투자금이 줄어드는 시기가 바로 매수 시기다.

그런데 매매가가 떨어지거나 멈춘 상태에서 전세가가 올라오게 되면 보통 사람들은 보수적으로 생각한다. 리스크를 줄인다는 말로 '곧 매매가가 떨어질 것'이라고 하면서 매수를 하지 않는다.

이때 나는 반대로 행동한다. 완전히 동떨어진 외딴 아파트이거나 세대수가 아주 적은 아파트가 아니라면 매수한다. 될 수 있는 대로 대장 아파트 근처의 2, 3급지 매물로.

2021년, 나는 청주의 한 32평 구축을 손님에게 매수를 권했다. 청주는 지금도 그렇지만 2021년 당시에도 공급이 점점 줄고 있는 도시다. 따라서 투자처로 괜찮아 보였다. 입주 물량은 '아실', '호갱노노'란 어플을 보거나 '부동산지인'이란 어플을 보면 웬만한 지역 아파트와 관련된 데이터를 볼 수 있다.

2021년에는 사실 청주에는 새 아파트 입주 물량이 많은 상태였다. 그럼에도 불구하고 청주로 투자자들의 매수가 이어졌다. 공시지가 1억 이하로 취·등록세 중과가 안 되는 매물들만을 찾으면서 말이다.

당시 정부에서는 부동산 투자에 대한 억제책으로 공시지가가 1억이 넘는 아파트에 대해 취·등록세를 지방세 포함해서 12.4%로 중과시키기 시작했다. 그리고 1억 이하인 아파트에 대해서만 취·등록세와 지방세 포함 1.1%로 정했다. 그러자 투자금을 줄이려는 투자자들은 공시지가 1억 이하 아파트로 몰려갔다. 그렇다 보니 오히려 30평대 아파트들의 매매가와 전세가의 갭이 거의 없거나 오히려 전세가가 높은 곳들이 생겼다.

정부 정책은 자꾸 변한다. 따라서 정부의 정책에 항상 귀를 기울여야 한다. 그런 것들이 바로 흐름을 공부하는 것이기도 하다.

참고로 전세가율 높은 아파트를 찾는 것은 어플 '조인스랜드'를 이용하면 된다. 전국의 아파트 매매가와 전세가를 파악하기에 좋다.

아무튼, 나는 청주에서도 흥덕구에 있는 구축 대장 아파트를 봤고, 그 중에서도 저층을 보니 갭 없이, 즉 매매가와 전세가 차이가 없이 맞출 수 있겠다 싶었다. 그렇다면 투자금은 12.4% 취·등록세뿐이면 됐다. 그리고 초·중학교를 끼고 있는 아파트라서 전세 수요는 꾸준한 것 같았다. 그뿐만 아니라 흥덕구에는 SK란 대기업과 백화점도 있어 생활입지도 좋았다.

그래서 2억5천500만 원에 매수한 아파트를 같은 가격으로 전세를 놓았다. 취·등록세로 들어간 비용은 약 3천여만 원. 결과적으로 3천여만 원이 투자금이었다. 당시 주변 새 아파트의 같은 평형 가격은 6~7억 원대였다.

나는 계산을 비교적 간단하게 하는 편이다. 새 아파트의 가격이 저렇게 높은데 아무리 구축이라도 입지가 좋은데 평 단가가 1천만 원이 안 된다는 것이 매력적이었다. 1년이 지난 후 그 아파트의 시세는 3억5천~3억7천만 원 선. 1억 원이 오른 것이다. 청주는 당분간 입주 물량이 줄어들 것이므로 투자한 사람에게는 당분간 더 갖고 가라고 조언했다.

희연아. 지금 사는 곳, 바로 옆 동네, 그러다 그 옆 도시, 그리고 전국으로 시야를 넓히길 바란다. 돈은 돌고 돌아서 한 지역이 올랐다고 모든 지역이 오르는 게 아니고, 또 한 지역이 떨어졌다고 모든 지역이 떨어지는 게 아니다. 항상 전국의 흐름을 읽고 있는 게 중요한 이유다.

그렇게 관심을 두고 찾다 보면 비슷한 도시 중 덜 오른 도시가 보일 것이고, 비슷한 단지 중 덜 오른 단지들이 찾아진다. 너의 투자금으로 접근할 수 있는 차선의 것을 찾더라도 너에게 은행이자보다는 나은 수익률을 주게 될 아파트들이 있을 것이다. 몇 번을 말했듯 여유를 갖고 기다리면서 시간을 투자하면서 말이다.

4

정책과 규제에 따른
나만의 틈을 찾는다

희연아. 엄마가 이런저런 공부를 하면서 투자를 했지만, 나는 비교적 운이 좋았단다. 2014년 7월에 창업하고 투자를 시작했는데, 2013년부터 부동산시장이 상승세였거든.

소액으로 갭투자를 하면서 '준공공 기금 대출제도'에 대한 강의를 듣게 되었다. 이 제도는 정부에서 아파트 건별로 1.5~2.5% 금리로 8천만 원에서 1억 원까지 빌려주는 제도였다. 다만 8년 동안 임대등록을 하고 매도를 하지 않아야 했다. 그리고 연 5% 이상 보증금을 올리지 않아야 한다는 조건이 있었다. 그러나 정부에서 저금리 대출을 해준다, 보유 기간 동안 보유세를 면제하거나 할인해준다, 그리고 10년을 채운 후 양도하게 되면 양도세를 면제해 준다는 등 혜택이 많았다.

투자금이 별로 없던 나로서는 그야말로 기회였다. 그때 나는 영통, 산본, 고양, 청주, 천안 등 곳곳을 다 들여다봤다. 가격이 저렴해 보이거나 매매가와 전세가 차이가 없는, 즉 풀 피가 가능한 곳들은 다 봤던 것 같다. 그러면서 나도 모르게 전국으로 시야를 넓히게 됐다.

그때 나는 일반 대출과 준공공 기금대출을 통해 아파트를 매수하곤 했다. 당시 매수했던 청주의 한 아파트를 보면서 설명을 해보자.

당시 매매가는 1억4천만 원이었다. 나는 아파트를 구매하면서 선대출로 9천500만 원을 받고, 전세 8천만 원에 월세 20만원을 받는 것으로 세팅했다. 선대출에 대한 리스크가 있지만 그것도 방법을 찾았다. 선대출이 있어도 KB시세 범위 안에서 보증금과 대출채권 최고액이 들어가면 보증보험이 가능하다는 것을 알았다. 어떻게 알았냐고? 역시 강의와 투자자들 간의 소통을 통해서였다. LH 전세의 경우 공시가×1.8이 기준가격이어서 이 경우 풀 피가 더 커졌다.

당시 내가 들은 강의는 한 시간에 5, 6만 원이었던 것 같다. 그러니 부지런히 강의를 들으면서 공부하고 실전에 옮길밖에.

결과적으로 집값은 1억4천만 원이었지만, 대출을 받고 전세금을 받고 나니 내게는 오히려 3천500만 원이 남게 되었다. 여기에서 수리비와 취·등록세 등 이런저런 비용을 빼도 2천500만 원 정도가 남았다.

이런 걸 두 채 세팅하자 5천만 원 정도가 되었고, 나는 좀 더 좋은 아파트 한 채를 갭투자로 매수할 수 있었다. 물론 한 채당 월 30만 원의 이자를 내야 했지만, 매달 20만 원씩 월세를 받으므로 사실 큰 부담이 안 됐다.

1억4천만 원으로 매수했던 아파트는 7년이 지난 2022년 초 현재 최고점으로 2억4천800만 원을 찍었다. 그동안 내가 은행에 낸 이자와 비교할 수 없는 숫자다. 내 돈 한 푼도 들이지 않고 아파트를 매수하고, 그 아파트 가격은 시간이 지날수록 오르니 내가 생각해도 정말 가장 잘한 투자가 아닌가 생각한다.

매수	140,000,000	
전세	80,000,000	월세 20만 원
대출	95,000,000	이자 30만 원
	+35,000,000	

-2022년 최고점 2억4천800만 원

정부에서는 부동산이 과열되면 여러 대출 규제를 내놓는다. 그럼 당장의 실수요자나 투자자들은 움츠러들 수밖에 없다. 그러나 그 규제의 틈을 열심히 찾아가며 실수요자는 실수요자대로, 투자자는 투자자대로 매수를 한다. 선택하고 시간을 기다리는 것, 그에 따라 각자의 자산 규모는 달라질 수밖에 없다.

희연아. 네가 번 돈을 잃지 않기 위해 공부도 중요하지만, 정부의 정책과 규제를 꼼꼼히 살펴봐야 한다. 그래야 틈을 발견하고, 그 틈에서 나만의 방법을 찾을 수 있기 때문이다.

5

경매를 이용한 토지 투자

부동산을 내 것으로 만드는 방법에는 직접 매매하는 현매가 있고, 부모로부터 물려받는 증여와 상속이 있고, 경매나 공매를 통해 낙찰받는 경우가 있다.

경매는 민사집행법으로 이루어지고, 공매는 국세징수법으로 이루어지는 것이다.

경매는 돈을 빌려준 사람이 돈을 돌려받지 못하는 입장에서 어느 정도라도 회수를 하기 위해 소재지 관할 법원에 채무자의 부동산을 팔아달라고 하는 것이다. 경매를 통해 누군가에게 낙찰되면 채무자의 부동산은 그에게 넘어가게 된다. 그러면 이 돈으로 채권자는 빌려준 돈 전체 혹은 일부를 회수하게 된다.

그런데 경매 물건은 시세보다 저렴하다. 그래서 투자자들 사이에서는 조금 저렴한 가격으로 부동산을 매입하는 방법으로 통한다.

얼마 전부터 나도 경매에 관심을 두기 시작했다. 경매는 등기소에서, 공매는 온비드 사이트를 통해 진행되고 있는데 가끔 들어가서 물건을 찾아본다.

내가 관심 있는 것은 아파트나 상가 등 건축물보다 토지다. 토지는 아무래도 권리분석이 그다지 복잡하지 않고, 사는 사람을 내보내야 하는 일도 없기 때문이다.

앞에서 토지 경매를 받아서 이익을 봤다는 이야기를 한 것 기억하지? 생각보다 빨리 수익을 갖다 줘서 지금도 고맙게 생각한단다.

그 땅은 3형제가 지분을 나눠 갖고 있던 임야였는데, 그중 한 명의 것이 경매로 나왔었다. 그런데 임야에 분묘까지 있다 보니 복잡해 보였던지 최저입찰가보다 가격이 많이 내려간 상태였다. 그런데 그 지역의 도시계획을 살펴보니 신도시 아파트가 들어올 예정이었다. 나는 지금 당장은 보상을 받지 못해도 언젠가 수용이 되면 보상을 받겠다 싶어 입찰했다.

그런데 덜컥 낙찰이 됐다. 경매 입찰이 처음이라 조금 떨리기도 했는데, 막상 낙찰을 받고 보니 기분이 좀 좋더구나. 내가 살려고 산 땅은 아니지만 450평의 임야가 내 것이다 생각하니 부자가 된 것 같기도 하고 말이야.

그러나 내가 그 땅값을 다 갖고 있을 만큼 여유는 없었다. 나는 대출을 알아봤다. 토지는 낙찰가의 70~90퍼센트까지 대출을 해주므로 더 쉬웠다. 결국 임야 값의 80퍼센트를 대출을 받았다. 그리고 기다리자 생각했는데 생각보다 빨리 아파트부지로 승인, 업체 측에서는 낙찰받은 금액보다 5배 더 높은 가격을 제시했다. 나는 생각할 것도 없이 바로 도장을 찍었지.

경매 투자를 하는 사람들도 많다. 나는 토지만 했지만, 자동차부터 집, 상가, 건물 들까지 본인이 가진 자금 능력만큼 물건을 찾고 또 찾는다. 그러기 위해 그들은 수고를 아끼지 않는다.

부동산으로 돈을 번 사람들에게 '불로소득'이란 말을 하는데 엄마는 그 말이 몹시 불편하다. 가만히 앉아서 돈을 버는 게 절대 아니니까 말이다. 나를 곁에서 지켜본 너 역시 그 말에 동의하지 않을 것이다.

단 한 순간도 긴장을 늦출 수 없는 것이 투자시장이다. 나도 그렇지만 모든 투자자는 솔직히 한시도 가만히 있지 못한다. 끊임없이 급변하는 시장을 읽어내는 것은 쉬운 일이 아니다. 그러다 보니 다양한 방면으로 시야를 넓혀야 한다. 그렇다고 죽을 만큼 힘든 일은 아니다. 무엇보다 그 일을 즐기면서 할 수 있으면 더 좋고.

돈을 버는 것도 재미있지만 나는 남들이 하지 않는, 혹은 어렵다고 고개를 갸우뚱하는 일을 해낼 때마다 재미있고 기분이 좋단다. 연구원으로 일할 때보다 지금이 훨씬 좋은 이유다. 뿐만 아니라 손님으로 만나든 투자자로 만나든 좋은 사람들을 많이 만나는 것도 기분 좋은 일이다. 결국 이 일이 내겐 맞는 일인 것이다.

6

현금흐름형 월세 투자

희연아. 인생도 그렇지만 투자도 어떤 하나만을 고집하지 않는 게 좋다. 자기가 성공한 방법이 진리인 양 고집하고 변화를 거부하면 낙오되기 십상이다. 살다 보면 계획대로 되지 않는 게 인생이다. 투자도 그렇다. 계획한다고 해서 반드시 일이 그대로 성사되는 것은 아니다. 일이란 틀어질 수도 있는 것이다. 그럴 때 어떻게 대응하느냐에 따라 결과가 달라진다.

투자에서 리스크를 줄이는 방법의 하나는 월세를 받는 것이다. 처음 투자를 시작했을 때 빌라 한 채를 구매, 월세로 세팅을 했다. 물론 당시에도 대출을 받았는데 대출 이자는 월세를 받아서 해결할 생각이었다.

빌라는 가격이 그다지 크게 오르지 않았지만, 언젠가 재개발이 된다고 하니 묻어두는 셈 치고 있단다. 그래도 월세는 꾸준히 잘 나가고 있다. 이유는 주변에 크고 작은 회사들이 많기 때문이다.

월세수익형 투자 때 가장 중요한 건 역세권과 직장이다. 역세권과 주변의 회사는 그만큼 수요가 있다는 것을 말하는 것이다. 다른 투자에서도 수요는 중요하지만, 월세수익형은 공실이 나면 이자 부담으로 직결되기 때문에 공실이 없을 지역을 선택하는 게 가장 중요하다. 그게 바로 역세권과 업무시설, 회사가 많이 연결된 곳이다.

네가 재수할 때 학원 옆 학사에서 생활했는데 학사야말로 제대로 된 수익형이다. 보증금은 없지만, 아이들을 관리해준다는 명목으로 1년치 연세를 한 번에 받는데, 그 금액이 꽤 크다. 매달 받는 곳도 있지만, 그것 역시 적은 돈은 아니다. 주변에 유명 학원들이 포진되어 있다 보니 수요가 넘치는 곳이었다. 따라서 수요가 있는 곳이 월세수익형 투자의 첫째 조건이다.

대학가의 원룸이나 오피스텔도 좋은 투자처다. 요즘은 코로나로 인해 비대면 수업이 늘면서 공실이 늘었다고 하지만 이런 시대가 아니라면 대학가의 다가구 투자도 월세수익형으로 높은 수익률을 낸다. 코로나 시대가 지나면 다시 좋은 투자처가 되지 않을까 생각한다. 안정적인 월세수익을 위한 투자처로 말이다.

오피스텔은 시세 차익형으로 전세 세팅을 하기도 하지만 월세 수익형으로 세팅을 하면 좋다.

지인의 경우, 판교에 직군이 늘어나면서 유동인구도 늘어날 것을 예감하고 판교와 분당의 오피스텔을 월세수익형으로 매수를 했다. 그런데 아파트값이 천정부지로 오르자 덩달아 오피스텔까지 올랐지.

그는 계약갱신청구권 영향을 받아 전세가가 오르게 되면 이전보다 월세가 많아질 것이라고 했는데, 그 예감이 맞았다. 매매가도 오르고, 전세가도 오르고, 당연히 월세도 올랐다. 그러다 보니 오피스텔로 시세 차익형과 월세 수익형 모두 성공하게 된 것이다. 특히 월세 세팅은 안정적인 수익을 갖다 줘서 현금흐름을 원활하게 해주는 데 큰 힘이 된다.

자, 그렇다면 수익형 모델을 찾는 방법을 구체적으로 알아보자.

첫째, 가장 먼저 볼 것은 유동인구가 많고, 앞으로도 인구가 더 늘어날 요소가 있어야 한다. 유동인구가 많다는 것은 그 지역을 찾는 사람들이 많다는 것이다. 앞에서 말한 한 지인처럼 판교처럼 많은 직업군이 있는지, 그들이 출퇴근하기 위한 교통이 편리한 곳인지 보는 것이다. 이런 기준으로 본다면 가장 투자처로 좋은 곳이 강남이다. 그러나 강남은 접근이 쉽지 않다. 그렇다면 강남으로 직접 가는 교통편이 있는 곳을 보면 된다. 강남과 직통 노선이 연결된 곳들. 그곳이 또 다른 투자처다.

둘째, 수요 대비 공급이 어느 정도인지를 봐야 한다. 부족한지 과잉인지를 파악해야 한다. 이건 어느 투자나 마찬가지다. 아무리 수요가 많다고 해도 공급이 계속된다면 공실률이 높아지면서 수익률이 떨어지기 때문이다. 월세를 받는 현금 흐름형 투자에서 수익률이 떨어지는 건 목표 잃은 배와 같은 것이다. 따라서 주변의 공급량 체크는 필수다.

셋째, 역세권이어야 한다. 전철역까지 도보로 최대 10분 이내의 것이 좋다. 시간은 곧 돈이다. 뿐만 아니라 아침 출근 시간은 단 1분도 아깝다. 그러니 역과 가까운 곳을 선호할밖에. 그리고 요즘 젊은 사람들은 정말 걷는 것을 싫어한다.

넷째, 조건이 비슷하다면 신축이 좋다. 신축은 구축에 비해 다소 가격이 비쌀 수 있지만 요즘 젊은이들은 무조건 신축이거나, 신축과 비슷한 준신축을 찾는다. 낡은 집은 들어가기 싫어하기 때문이다. 신축은 수요가 많다 보니 가격상승 여력도 있다. 무엇보다 신축은 공실 위험이 없다는 게 가장 큰 장점이다.

위의 것들을 다시 정리하면 출퇴근이 쉽고 주거환경이 좋은 곳, 대학 주변이나 지방에서 올라온 노동자 밀집 지역, 대기업들이 밀집된 곳 들 중 강남역으로 이어지는 역세권의 소형 신축 주택들로 찾다 보면 안정된 월세수익을 만들 수 있다.

1인 법인을 이용한
부동산 투자

희연아. 부동산을 사는 데 대출을 이용하지 않고 자기 돈으로만 살 수 있는 사람은 많지 않단다. 그런데 대출은 대출대로 막고, 세금은 취·등록세, 보유세, 양도세까지 중과가 없는 구간이 없다 보니 개인 명의로 집을 사서 팔기가 힘든 시기다.

그래서 부동산 투자를 위해 차선책으로 1인 법인을 만드는 사람들이 많다. 개인 명의 대신 회사 이름으로 부동산을 구매하는 것이다.

법인 설립에는 대표자 1인과 감사 1인이 필요하다. 법인을 만들게 되면 00 주식회사라는 이름을 갖게 된다. 설립 과정도 조금 복잡해서 법무사의 도움을 받지 않으면 쉽지 않다. 그럼에도 법인을 만들어 부동산을 구매하는 이유는 개인의 주택 수에 포함되지 않아 명의 분산이 가능하다는 등 몇 가지 장점이 있기 때문이다.

법인으로 부동산을 구매하고 매도할 경우, 보유 기간에 상관없이 매도할 때 세금이 같다. 즉 1년 있다 팔든 오늘 매수해서 내일 팔든 세금은 똑같이 30~40% 정도다. 그러나 개인의 경우에는 매수 후 1년 안에 매도하게 되면 70%의 세금을 내야 한다. 그러니 보통 개인으로서는 이런 투자를 생각할 수 없다.

부동산, 그중에서도 아파트 투자를 위해 법인들을 주로 이용하는데 어떻게 수익을 만들어내는지 한번 알아보자.

법인투자를 해서 이익이 남으면 배당을 받을 수도 있고, 임직원으로 취업해서 급여를 받을 수도 있다. 상여금이나 퇴직금도 받을 수 있다. 주식을 양도해서 차익을 얻기도 한다. 뿐만 아니라 주식을 자녀에게 양도할 경우 무상 이전도 가능하다.

그러나 무조건 법인이 좋은 것만은 아니다. 법인 관리를 위한 부대비용이 들어가기 때문이다. 매달 세무사에게 세무기장을 맡겨야 하므로 고정비가 지출된다.

또 본점이나 대표이사 주소 등이 변경되면 14일 이내에 변경등기를 해야 하는 등 비용이 지출된다. 그래서 수익을 내지 못하고 비용만 나가는 마이너스 법인이 되기도 하는데, 이렇게 되면 대출이 어려워지는 등 복잡한 상황이 발생하기도 한다. 따라서 법인을 만들 때는 어떻게 해서든 매년 수익을 창출한다는 각오가 서지 않으면 안 된다.

그러므로 법인 투자가 누구에게나 맞는 것이 아니다. 모든 일이 그렇듯 법인투자 역시 장단점이 있기 때문이다. 현재 법인 투자를 하면서 가장 크게 부담되는 것은 종합부동산세다. 개인이라면 기본적으로 6억 원이 공제되는데, 법인에는 그런 공제 혜택이 아예 없다. 뿐만 아니라 조정지역에서 2채 이상을 갖고 있다면 종합부동산세가 한 채당 6%이다.

그래서 전략적으로 종합부동산세 과세기준일인 6월 1일 이전에 소유권을 넘겨야 하는데, 이른바 투자의 고수들도 잘 안 되는 경우가 많다. 모두 같은 생각으로 6월 1일 이전에 매도하려고 내놓으니 매물이 많아지는데, 사는 사람은 한정돼 있다. 그래서 투자에서 가장 어려운 게 매도라고 한다. 남들보다 반보 앞서서 매수하고 반보 앞서서 매도하는 것. 그러나 그 반보를 찾기가 쉽지 않다.

지금의 부동산 세금 제도는 절세라는 표현을 쓰기가 힘들 정도로 그 제도가 철저하다. 세금이 부담스러워 부동산 법인을 만들지만, 결국 세금 때문에 법인투자를 포기하게 된다.

모든 투자에는 절대적인 방법이란 없다. 나는 투자도 그와 같다고 생각한다. 얼굴이 다르고 성격이 다른 것처럼 각자 자기에게 맞는 투자를 하면서 살아가는 것이다.

나는 법인을 설립, 단기적으로 사고팔기를 하면서 수익을 늘리고 있다. 조금 공격적인 투자 방법이다. 그렇다 보니 매매와 매도 시기, 수익률 등 신경 쓸 게 많다. 투자 기간 내내 불안감도 없잖아 있다.

만일 이런 게 부담스럽고 불안하다면 법인투자를 하지 않는 게 더 낫다. 이런 경우에는 다주택자의 경우 개인 명의로 아파트 한 채를 사서 시간에 투자하는 것이 낫다. 처음 취득세 12%, 중개수수료 등을 제하고 수익이 남을 지역의 것을 매수해서 시간을 투자하면 충분히 이익을 거둘 수 있기 때문이다.

투자의 귀재 워런 버핏은 말했다.

"첫째, 절대로 돈을 잃지 마라. 둘째, 첫 번째 원칙을 절대로 잊지 마라."

돈을 버는 것도 중요하지만 잃지 않는 것이 더 중요하다.

나는 법인은 분주하게, 개인 명의는 느긋하게 투자를 한다. 법인 투자를 할 때는 사고팔기를 반복해야 하다 보니 바쁠 수밖에 없다. 너에게 어떤 방법이 좋다고 권할 수는 없다. 사람이 저마다 다르므로 자기에게 맞는 투자법을 찾아야 한다.

내 방법이 옳으니 나를 따르라고 할 수는 없다. 넌 너대로 경

험을 쌓으면서 포트폴리오를 만들다 보면 너의 방법이 만들어
질 것이다.

엄마가 깨달은
인생 비밀 5

세상은 절대 공평하지 않다

교과서에서는 말한다. 세상은 공평하다고. 그리고 인간은 평등하다고. 그러나 희연아, 세상은 절대 공평하지 않다. 공평하지 않은 세상을 불평하지 말고 인정하길 바란다.

엄마가 가난했던 어린 시절부터 무시와 멸시를 받으면서 자랐다는 말은 여러 번 들었을 것이다. 엄마는 부자 부모를 만난 친구들을 부러워했다. 시작부터 불공평한 것은 너무 억울하다고 세상을 탓하고 부모님을 탓했다. 그래서 엄마는 20대까지 늘 세상에 화가 나 있었다. 불만이 많았다. 뭐하나 편한 길이 없다고 생각했다.

나는 열심히 일해도 형편이 나아지지 않았다. 그에 반해 부자 부모를 둔 사람들은 공부를 굳이 열심히 하지 않아도 먹고 살 걱정을 하지 않았다. 그러니 엄마는 불공평한 세상에서 늘 화가 날 수밖에.

"인생은 공평하지 않다. 이 사실에 익숙해져라."

빌 게이츠가 미국의 한 고등학교에서 한 연설이다. 만약 엄마가 젊었을 때 저 연설을 들었다면 마음의 화가 좀 풀어졌을 것이다. 빌 게이츠 연설을 더 읽어보자.

"세상은 여러분이 어떻게 생각하든 상관하지 않으며 여러분이 스스로 만족을 느끼기 전에 무엇인가를 성취하여 보여줄 것을 기대한다. 햄버거 가게에서 일하는 것을 수치스럽게 생각하지 마라. 우리의 할아버지들은 그 일을 기회라고 생각했다. 만약에 여러분이 인생을 망치면 그것은 부모 탓이 아니라 여러분 잘못이다. 잘못을 불평하지 말고 그것으로부터 배워라. 인생이 불공평한 것에 빨리 익숙하게 되기를 바란다."

요즘 너희 젊은 세대는 금수저, 은수저, 흙수저로 출생 계급을 나눈다. 시작이 다르니 결과물도 다를 것으로 생각하고 많이 좌절하고 속상해한다. 어떻게 그러지 않을 수 있겠니. 엄마는 백번 공감한다. 그런데 일부 정치인들은 공평과 공짜를 말하며 너희가 변하지 않아도 된다고 말한다.

하지만, 희연아. 그 말을 믿지 말아라. 세상은 절대 공평하지 않다. 그리고 공짜에 절대 익숙하지 말아라. 변하지 않고 근근이 살아가다 보면 절대 가난에서 벗어날 수가 없다. 복지 정책으로 나라에서 해주겠지 하는 기대는 아예 머릿속에서 지워야 한다. 너 스스로 변하지 않고는 절대 누구도 너를 책임져주지 않는다.

우리가 달리기할 때는 출발선이 같다. 잘 달리는 사람이 선두에 서고 못 달리는 사람이 뒤에 처진다. 그러나 인생 달리기는 그렇지 않다. 이미 저만치 앞에서 시작하는 사람도 있고, 중간에서 시작하는 사람도 있고, 아주 완벽히 맨 뒤에서 시작하는 사람도 있다. 심지어 아예 결승선에 가 있는 사람도 있다. 세상의 달리기는 이렇게 불공평하다.

그러나 이 불공평한 세상을 인정하라는 것이 그냥 포기하고 안주하란 말이 아니다. 가끔 불공평한 세상을 견디지 못하고 세상을 비관한 나머지 나쁜 선택을 하는 소식을 접하면 정말 속상하다. 불공평한 세상에서는 본인이 변해야 한다. 포기는 절대 안 되는 일이다.

마음이 변하면 변하지 않을 것 같던 환경이 변하고, 주변 사람들이 변하고, 세상을 보는 눈이 달라진다. 엄마는 그것을 경험했다. 그래서 네게 이렇듯 자신 있게, 한편으로는 간곡하게 말한다. 그러니 너의 마음을 변화시키도록 매일 노력하길 바란다.

불공평한 세상에서 달리기의 시작점은 다르다. 결승점에 미리 가 있는 사람을 보면 아득하기만 하고 다다를 수 없는 것으로 생각된다. 그러나 생각을 변하기 위해 끊임없이 노력하고 지치지 않고 가다 보면 언젠가 우리 모두 종착점에 이르게 된다.

희연아. 며칠 전 내가 세상이 불공평하다고 느낄 때가 언제냐고 물었을 때 너는 말했다. 어린 나이에 큰 재산을 증여받거나 재능이 뛰어난 친구를 발견했을 때라고. 맞는 말이다. 부자라고 해도 재벌만 못 할 것이고, 우리나라 재벌은 세계 재벌과 또 비교할 것이다. 뿐만 아니라 재능도 마찬가지지. 모차르트의 재능을 부러워했던 당대 최고의 음악가 살리에리도 있으니 말이다.

그런데 엄마가 살아보니 세상의 저울은 늘 한쪽으로 기울어져 있게 마련이다. 내가 노력을 아무리 해도 그 기울기의 정도는 크게 줄지 않는다. 그래도 노력을 계속하다 보니 어제보다 나은 내가 있었다. 물론 앞에 있던 이들도 더 앞으로 나아간다. 평등하지 않아도 나의 능력이 자라거나 자산이 늘어나면 나 스스로 나를 지키게 된다.

세상은 변하지 않는다. 그 기울기는 늘 그대로 기울어진 채일 것이다. 그 공평하지 않은 기울기에 절망하고 화를 냈던 엄마는 지금은 그 시간이 부끄럽다. 좀 더 빨리 인정하고, 내가 변해서 적어도 나 자신을 지킬 수 있어야 했는데 생각한다.

　희연아. 다시 한번 말하지만, 세상은 절대 공평하지 않다. 그러니 변하지 않을 세상에 대한 기대를 버리고 너를 변화시키렴. 인생은 불공평하고, 앞으로도 절대 공평해지지도, 공정해지지도 않을 것이다. 그냥 이 냉정한 현실을 받아들여라. 그래야 좀 더 자유로워지고 너 자신을 괴롭히지 않을 거니까.

2

성공을 기뻐해주는
사람은 별로 없다

너희들의 나이에는 함께하면 친구라고 생각될 것이다. 함께 밥 먹고, 공부하고, 여행하고, 이야기하고, 웃고. 그러다 나름의 고민도 나누면서 진정한 친구라고 생각한다. 인생에서 진정한 친구 한 명만 있어도 성공한 인생이란 말이 있는데, 요즘은 친구란 단어가 좀 흔하고 가벼워진 것 같다. 그러다 보니 '진정한' 친구란 어떤 친구일까, 엄마는 자주 생각한다.

나에게도 친구들이 있단다. 학교 친구도 있고, 사회에서 만난 친구도 있다. 그런데 어떤 친구는 만나고 돌아서면 뭔가 허전하고 내가 뭘 하고 온 걸까 생각할 때가 있다. 어릴 적 학교 친구 한 명은 오랫동안 만나서 지금도 가끔 만나곤 한다. 그런데 그 친구를 만나고 나면 늘 기분이 좋지 않다.

생각하면 그 친구는 불평불만을 가득 쏟아낸다. 내가 말할 틈도 주지 않고 혼자 말을 다 하지. 그러다 어쩌다 내가 이야기라도 할라치면 내 말을 적당히 무시한다. 그리고 언젠가부터는 이렇게 말했다.

"돈은 네가 많이 버니까 밥값 내."

엄마는 그 친구를 마음에서 지우고 있다. 오래된 친구라 완전히 지우지는 못하지만 만나면 옛날의 내 모습으로 나를 평가하고, 나에게 상처를 주는 사람이 친구는 아니라고 생각한다.

나의 인생 그래프 진폭이 크다는 것은 너도 알고 있을 것이다. 엄마 인생에서 가장 바닥이라고 생각했을 때가 도원이 낳고 새로운 일을 해보겠다고 할 때였다. 공인중개사 자격증을 땄지만, 그것만으로 수입이 보장되지 않았다. 나는 인테리어를 배우겠다고 신축아파트 공사 현장에서 도배 일을 했다. 한겨울 새벽, 신축공사장 현장에 들어설 때의 그 깜깜하고 무서웠던 기억은 지금도 등이 시릴 정도다.

그 1년여 동안 내 주변에는 어떤 사람들이 있었을까? 고생한다고 나를 격려하고 위로해준 사람들이 있었을까? 엄마는 그때 가난했던 어린 시절보다 더 슬프고 무서웠다. 알고 지냈던 사람들 대부분 나에게 연락을 하지 않았다. 어쩌다 연락을 하면 마치 실패한 사람 취급을 하면서 멀리했다. 심지어 가족도 부끄러워할 정도였다.

도배 일을 1년쯤 했을 때, 한 친구가 나를 따끔하게 혼내면서 말했다.

"당장 공인중개사 자격증으로 어떤 부동산이든 들어가서 실장일 하면서 배우세요! 정신 똑바로 차리고!"

그 후 나는 공인중개사 사무실에 취직해 일을 배우기 시작했다. 그러면서 투자 공부를 본격적으로 시작했지. 그제야 연락을 끊었던 사람들이 하나둘 연락을 했다.

엄마는 실장 일을 시작한 지 얼마 되지 않아 독립했다. 공부하고 실전 투자를 하면서 운이 좋아 일이 잘 풀렸다. 그러자 주변 중개업소의 시기가 심해졌다. 심지어 '왕따'를 시키기도 했다. 내가 지금의 자리로 사무실을 옮긴 이유다. 그런데 그때도 나를 혼냈던 친구는 말했다.

"네가 잘해서 시기가 나서 그러는 것이다. 개의치 말고 넌 네일을 열심히 해라."

이후 내가 투자를 하고 결과가 좋게 나올 때마다 그 친구는 이렇게 말한다.

"네가 잘돼서 너무 좋다. 나도 너처럼만 하면 부자 되겠지? 고맙다."

엄마는 그 친구를 평생 잊지 못할 것이다.

희연아. 어떤 사람을 만나느냐, 그와 어떤 대화를 주고받느냐에 따라 너의 인생이 달라진다. 살다 보면 공연히 너의 시간과 에너지를 쏟고 있을 때가 있으므로 만남을 중요하게 여겨야 한다.

진정한 친구를 구분하는 방법은 너의 '성공'과 '실패'의 순간에 네 옆에서 어떻게 말하고 행동하는지를 보면 알 수 있다. 앞에서 말한 사람처럼 잘못된 길을 가고 있을 때 따끔하게 야단칠 수 있는 사람, 그리고 어떤 일인가 성공했을 때 시기보다는 축하와 격려를 해주는 사람, 내가 실패했을 때 괜찮다고 말하기보다 실패를 딛고 일어설 수 있도록 조언을 해주는 사람, 그리고 나의 이야기에 공감하는 사람. 이런 사람들이 진짜 친구라고 생각한다.

친구가 잘되면 진심으로 축하하기가 쉽지 않다. 성공한 친구가 있으니 좋은 인맥이 늘어났다, 나도 좀 배울 게 있겠다, 라고 말은 하지만 뒤에서는 배 아파하고 흠집 내는 게 사람 심리이기 때문이다. 특히나 친구보다 형편이 안 좋은 경우에는 배 아파하면서 시기심도 생긴다.

그런데 좋은 친구를 두려면 너 스스로가 좋은 사람이 되어야 한다. 친구가 잘되면 진심으로 축하할 줄 알아야 하고, 실패했을 때는 앞으로는 실패하지 않도록 격려해줄 줄 알아야 한다. 그래야 서로 행복하다.

희연아. 당연히 엄마는 네가 행복했으면 좋겠다. 그리고 네 친구는 물론 네 주변에 있는 이들이 모두 행복하길 바란다. 삶을 긍정적으로 생각하면서 말이다.

사무실 문을 열어놓고 있으면 어떤 사람이 올지 모른다. 그들 중에는 단순히 가격만 묻고 가는 사람도 있고, 거래를 성사시키는 일도 있다. 그리고 그들 중에는 거래 이상으로 서로 도움을 주는 사람도 있다. 어떤 경우에는 친구 같은 관계가 되기도 한다. 서로의 성장을 서로 격려하고 지원하면서 말이다.

너보다 앞서가는 친구를 질투하지 말고, 그들의 말에 상처받지 말기를 바란다. 그리고 그들의 성공에 진심으로 축하해주길 바란다. 그러다 보면 그 친구와 함께 성장한 너를 발견할 수 있을 것이다.

3

부자들의 시간은 다르게 흐른다

사람들은 말한다. 시간은 공평하다고. 누구에게나 똑같이 하루라는 24시간이 주어진다고. 영국 작가인 올더스 헉슬리는 '시간은 누구에게나 공평한 24시간이면서도 공평하지 않은 24시간이다'라고 말했다. 엄마는 그 말에 매우 공감한다. 시간 역시 공평하지 않기 때문이다.

이게 무슨 말이지, 하면서 구시렁대는구나. 시간이 공평하지 않다니, 말장난 같기도 할 테고 말이다.

자, 한번 생각해보자. 누군가를 고용해서 시간을 사는 사람이 있고, 누군가에게 고용당해서 시간을 파는 노동자가 있다. 24시간 하루를 똑같이 일할 때 누가 더 많은 소득을 갖고 갈까?

너무나 당연한 질문이라 너도 우스울 것이다.

자본주의 사회에서는 시간이 다르게 흐른다는 것을 명심하길 바란다. 그렇게 다르게 흐르는 시간은 내가 원하든 원하지 않든 흐른다.

나는 스무 살이 되면서부터 생계를 위해서 아르바이트를 하고, 결혼한 후에도 수많은 일을 했다. 대학원 석사 시절에는 실험 일정 때문에 낮에 아르바이트할 수 없어서 새벽에 신문을 돌리기도 했고, 결혼 후 더 돈을 벌기 위해 건물청소도 마다하지 않았으니 말이다. 엄마는 단 하루도 열심히 살지 않은 적이 없다고 지금도 자신 있게 말할 수 있다.

그러나 지금도 그런 일들을 열심히 한다면 지금의 나는 어떤 모습일까. 남들과 똑같이 주어진 24시간을 수없이 쪼개서 온몸이 욱신거리도록 일을 한다고 해서 나아졌을까.

나를 고용한 주인들은 나에게 돈을 주고 그들의 시간을 산 것이다. 고용주가 청소할 줄 몰라서, 카페 주인이 커피를 내릴 줄 몰라서 나를 고용했던 것이 아니다. 그러면서 그들은 나보다 훨씬 더 많은 이익을 가져갔다.

나는 일이 많을 때 가끔 가사도우미를 부르기도 한다. 집안은 엉망인데 도저히 시간을 낼 수 없기 때문이다. 나 역시 가사도우미를 통해 나의 시간을 사는 것이다.

나를 고용했던 고용주, 내가 고용했던 가사도우미, 그리고 나는 모두 생계를 위해서 시간을 쓰는 것이다. 그러나 고용주와 고용인의 시간은 절대 같지 않다. 똑같은 1시간을 일해도 일한 결과물은 다르다. 자본주의 시간은 자산의 크기에 따라 다르게 흐른다. 절대 공평하지 않게.

흐르는 시간은 잡을 수 없다. 시간은 지금 이 순간도 흘러 지나가기 때문이다. 너의 시간을 무엇으로 어떻게 채울지, 어떤 가치로 높일지 생각해보길 바란다.

가난은 부끄럽고 불편하다

나는 어렸을 때 특히 겨울이 싫었다. 학교 갔다 오면 제일 먼저 하는 일이 연탄보일러를 살피러 가는 것이었다. 연탄보일러 물통에 물을 채우고 혹시나 연탄불이 꺼졌는지 조마조마한 마음으로 보일러 뚜껑을 열던 게 지금도 생생하다. 빨간 불이 살아 있으면 나도 모르게 얼굴이 환해졌다.

불이 꺼진 날이면 번개탄에 불을 붙여서 연탄불을 다시 살려내야 했다. 번개탄을 피워서 연탄불에 불을 붙이는 일은 쉽지 않았다. 연기로 눈물 콧물을 쏟아내도 새까만 연탄에는 불이 잘 안 붙었다. 추운 겨울날 연탄집게를 들고 밖에서 떨어야 했던 날을 생각하니 지금도 손발이 시렵구나.

그 연탄보일러로 데운 방 한 칸에 저녁이면 7식구가 모여들어 밥을 먹고 잠을 잤다. 좁은 상에 식구들이 둘러앉으면 엄마와 나는 바닥에서 밥을 먹기 일쑤였다. 수저질하다 보면 옆에 앉은 누군가의 팔과 부딪치고, 그러면 서로 치지 말라고 싸우고.

밥상을 치우고 나면 아랫목부터 차례로 아버지, 큰동생, 나와 여동생이 누웠다. 그러면 엄마와 막냇동생은 우리 발아래에 누웠다. 7식구가 허리 펴고 자기에도 좁은 단칸방. 다닥다닥 붙어서 자는데도 겨울밤은 언제나 추웠다.

책에서는 가난은 부끄러운 게 아니라고 말하지만, 엄마는 가난이 부끄러웠다. 친구들을 한 번도 집에 데리고 온 적이 없었다. 학교에서는 늘 주눅이 들어 있었다. 앞을 보고 당당하게 걸으라고들 하지만, 나는 언제나 땅을 보고 걸었다.

지금이라고 다를까? 코로나 19로 경기가 더 나빠지면서 취업난은 더 심각해지고 젊은이들의 생활은 궁핍해졌다는 기사를 봤다. 후불교통카드 충전금이 부족해 언제 삑 소리가 날지 버스에 올라탈 때마다 불안하다는 청년, 새벽 아르바이트를 끝낸 후 첫차 시간이 아직 멀어 두 시간을 걸어서 집에 갔다는 청년, 아파서 병원에 가야 하는데 참을 수 있을 때까지 참고 있다는 청년, 로션을 바른 지 얼마나 됐는지도 모르겠다는 청년.

그들은 집에서 공부만 하는 친구들이 부럽다고 했다. 아르바이트를 안 하면 생활을 할 수 없다는 그들은 자격증을 따기 위해 공부하는 것도 사치라고 말했다. 그들의 모습은 20년 전 나의 모습과 전혀 다르지 않았다.

어떤 사람들은 가난은 불편한 것뿐이라고 말한다. 때로 그런 사람 앞에서 나는 정말 가난이 뭔지 아느냐고 따지고 싶을 때가 있단다. 가난은 인간의 가장 기본적인 생활을 위협한다. 인간은 기본적으로 먹고, 입고, 자야 한다. 그런데 가난해서 끼니를 거르는데 꿈을 꿀 수 있을까?

가난했던 엄마의 꿈은 평범하게 사는 것이었다. 아마 가난한 지금의 20대 청년들도 마찬가지일 것이다. 남들처럼, 보통 사는 것처럼 사는 것. 먹고, 입고, 쉴 집이 있는 것. 그래야 꿈을 꿀 수 있다. 그러나 그것이 생각보다 쉽지 않다.

희연아. 큰이모는 어린 시절 그림을 곧잘 그렸다. 큰삼촌은 운동을 잘했지. 지금 아이를 키우는 부모라면 학원으로 아이를 보내 재능을 키워주겠지. 그러나 큰이모나 큰삼촌이나 학원 한 번 가보지 못했다. 하고 싶은 꿈은 잠잘 때 꾸는 꿈보다 못했다. 모두 학교를 졸업하기 무섭게 취직을 해서 밥벌이를 해야 했다. 물론 학교에 다니면서도 엄마처럼 이런저런 아르바이트를 해야 했고.

가난해서 하고 싶은 일을 하지 못하면 마음이 꼬일 수밖에 없다. 자존감도 낮아질 수밖에 없다. 나는 가난한 젊은이들이 가난을 벗어났으면 좋겠다. 더 나아가 경제적으로 자유로웠으면 좋겠다. 그래서 상대적 빈곤감에서도 벗어났으면 좋겠다. 생계를 위해 꾸역꾸역 일하지 않았으면 좋겠다. 하고 싶은 일을 하면서 자유롭게 살았으면 좋겠다.

그러기 위해서는 돈 공부를 해야 한다. 부자들이 돈 공부를 해서 더 큰 부자가 되는 것처럼 너희들도 돈 공부를 해서 부자가 되기를 바란다.

희연아. 가난을 벗어나기 위해 열심히 일하고 공부하는 것은 동기 부여가 되기도 한다. 그래도 가난은 부끄럽고 불편하다. 물론 돈이 많다고 꼭 행복한 건 아니지만 가난하면 불행해질 확률이 훨씬 높다는 것을 기억하길 바란다. 미국의 가수 테이 존데이는 이렇게 말했다.

지금 가난하다는 것은 더 가난해진다는 걸 의미한다.
지금 당장 스케일링할 돈이 없는가?
그럼 내년에는 임플란트 비용을 내게 될 것이다.
지금 당장 새 매트리스를 살 돈이 없는가?
그럼 내년에는 척추 수술을 받게 될 것이다.
지금 당장 그 염증을 제거할 돈이 없는가?

그럼 내년에는 3기 암 치료비를 내게 될 것이다.

가난에는 이자가 붙는다.

5

부자들은 부의 본능을 쫓는다

세상엔 성실하게 한 단계씩 올라가면서 애쓰는 사람이 있는가 하면, 한 번에 성공하기를 꿈꾸는 사람이 있다. 로또 당첨은 물론이고, 사행성 게임, 무등록 대부업, 도박, 주식, 코인, 부동산 투기 같은 것들이 그런 '인생 한 방'을 쫓는 사람들이다. 도둑질도 예외는 아니다.

그러나 인생 한 방을 꿈꾸며 이런저런 일을 시도하는 사람 중 성공한 사람은 거의 없다. 그들이 설사 돈을 벌었다고 해도 그 돈은 금세 사라지고 만다. 그들은 부자가 되고 싶은 욕심은 가득하지만 부자가 되기 위한 마음의 준비가 되어 있지 않기 때문이다.

그들은 조급하다. 그래서 듣고 싶은 것만 듣고, 보고 싶은 것만 본다. 주변에서 아무리 아니라고 해도 그들은 자신의 판단을 믿는다. 그리고 삐딱한 마음을 갖는다. 그들의 마음에는 그냥 빨리 부자가 되고 싶은 욕망이 가득할 뿐이다.

대표라는 명함을 내밀면서 고급 외제 차를 타고 다니는 한 사업가를 만난 적이 있다. 그의 말을 듣다 보면 금세라도 부자가 될 것처럼 말도 잘했다. 그러나 그의 말에는 뭔가 허황한 게 보였다.

사람을 많이 만나다 보면 진짜와 가짜가 조금은 보인다. 알고 보니 그는 부모는 물론 주변 친인척에게 돈을 빌려 이 일 저 일을 좇고 있었다. 그는 늘 이번 일만 잘되면 그까짓 돈은 다 갚는다고 말했다.

부모가 부자라고 해서 그 부가 그대로 자식에게 대물림되는 것도 아니다. 엄마가 아는 부자 부모를 둔 사람이 있다. 그의 남편은 직업이 주식 투자다.

그러나 투자로 돈을 벌기보다 잃는 게 더 많다. 공부 없이 주식 투자를 하기 때문이었다. 그녀에게 친정 부모는 은행이었다. 생활비며 교육비는 부모 카드로 살면서 때때로 수천만 원, 많게는 억 단위의 돈까지 부모에게 갖고 갔다. 그녀는 돈을 벌어 본 적도, 심지어 단 1천만 원 적금도 들어본 적이 없는 것을 자랑스럽게 말했다.

그녀는 악착같이 돈을 벌며 열심히 일하는 사람들을 우습게 생각했다. 지인이 그녀의 명품 쇼핑을 부러워하자 그녀는 이렇게 말했다.

"사람이 너무 꼬였어. 부자 부모 가졌으면 그렇지 않았을 텐데."

부모의 돈은 언제까지나 화수분일까? 부모가 죽고 나면 유산으로 큰 돈을 받겠지만 제대로 관리하지 못하면 사라지는 건 시간문제다.

그들 부모는 지금 80대. 부모가 얼마나 더 살 수 있을까. 그들의 생활 행태는 부모가 죽는다고 변하지 않을 것이다. 그렇다면 얼마나 부모가 죽고난 후 지금처럼 생활을 유지할 수 있을까. 그것은 누가 봐도 훤한 결과다.

『부의 본능』이란 책에서 작가 브라운스톤은 대다수 가난한 사람들이 가난하게 사는 이유는 본능 때문이라고 말했다. 가난한 본능이 더 가난하게 만든다는 것이다.

그가 말하는 가난의 본능은 무리 짓는 본능, 영토 본능, 쾌락 본능, 근시안적 본능, 손실공포 본능, 과시 본능, 도사 환상, 마녀 환상, 결함 있는 인식 체계 등 아홉 가지를 꼽았다.

그러면서 그는 가난 본능을 벗어나기 위한 몇 가지 방법을 제안했다. 즉 대중을 따르지 말 것, 한곳에 머물지 말 것, 단기간 돈을 벌게 해주겠다는 말을 믿지 말 것, 손실이 두려워 아무것도 하지 않는 것이 가장 위험하다는 것을 알 것, 점신술 등 도사들의 말을 믿지 말 것, 부자가 된 사람을 무조건 나쁘게 보지 말 것, 보고 싶은 것만 보지 말 것 등등.

나는 그의 책을 보면서 백번 공감했다. 가난한 사람들은 되는 이유보다 안 되는 이유를 먼저 찾는다. 그들은 돈이 있어야 돈을 벌지, 먹고 살기도 힘든데 저축할 돈이 어딨느냐 말한다. 그리고 부자들은 모두 도둑이라고, 마치 그들이 무슨 큰 비리라도 저질러서 돈을 번 것처럼 말한다. 그리고 금수저가 아닌 자신의 신세를 탓한다.

그러나 돈을 번 사람들은 아끼고, 그 돈을 벌기 위해 시간과 돈을 투자한다. 박봉을 쪼개 저축해서 목돈을 만들고 그것을 투자해서 성공한 사람들도 많다. 한 방에 돈을 번 사람들은 없다. 인생에는 그렇게들 외치는 한 방이 결코 없기 때문이다. 각자의 자리에서 싸우고, 스트레스 받고, 때때로 불안한 마음을 억누르고 고통의 시간을 견디는 것이다. 그러면서 천천히 조금씩 성공의 열매를 따는 것이다.

희연아. 하수는 행운만 보지만 고수는 최악의 상황도 대비한다는 말이 있다. 행운을 쫓으며 한 방에 어떻게 해볼까 하는 생각은 아예 버려라. 그리고 가난한 본능을 이겨내길 바란다.
엄마는 너와 청년들이 모두 그랬으면 좋겠다.

나도 엄마처럼
열정적으로 살게요

나는 어린 시절 우리 집이 가난하다고 생각하지 않았어요. 오히려 엄마 아빠와 여행과 캠핑하러 다니면서 풍족하게 자랐다고 생각했답니다. 24평 아파트가 좁다고 생각하지 않았고요. 다 그렇게 사는 줄 알았으니까요.

엄마는 늘 바빴지만, 엄마를 대신해 아빠는 퇴근 후 늘 우리와 함께했지요. 이 책을 통해 비로소 엄마가 왜 그렇게 바빴는지 알았어요.

엄마.

나는 엄마의 편지를 읽다 자주 멈출 수밖에 없었어요. 엄마의 삶이 자꾸 보였기 때문이지요. 새벽밥을 차려놓고 달려나간 엄마의 삶이 책 속에 그대로 다 있네요.

나는 '꿈부'가 우리 엄마라는 사실이 자랑스러워요. 솔직히 이제 막 대학에 입학한 나로서는 투자라는 단어가 어렵기만 해요. 그러나 엄마의 편지를 읽으면서 자본주의 사회에서 투자하지 않고 살 수 없다는 것을 확실히 알았어요. 당장 내가 부동산 투자를 할 수 있는 것은 아니지만 종잣돈을 모으면 어떻게 해야 할지 이 책을 통해 깨달았고요.

엄마는 안정된 직장을 버리고 부동산중개를 시작하고, 투자를 시작했죠. 지금도 신문과 책을 통해 시시각각 변하는 경제를 공부하고, 밤낮을 가리지 않고 현장을 뛰어다니고요. 내가 어렸을 때나 지금이나 엄마는 단 한시도 쉬지 않으세요. 그런 엄마를 보면서 엄마는 대체 저 힘이 어디서 나올까 생각했답니다.

엄마가 책까지 내는 것을 보며 엄마의 도전은 어디까지일까 생각하지 않을 수 없네요. 엄마는 내 삶의 롤모델이세요. 나도 엄마처럼 열정적으로 살게요. 고마워요, 엄마.

나는 엄마를 세상에서 가장 존경한답니다.

사랑해요!

스무 살 딸에게 보내는
엄마의 부동산 투자 편지

펴 낸 날   2022년 5월 23일
지 은 이   꿈부

펴 낸 이   임후남
펴 낸 곳   생각을담는집
디 자 인   nice age 강상희

주   소   (17167) 경기도 용인시 처인구 원삼면 사암로 59-11
전   화   070-8274-8587
팩   스   031-321-8587
전자우편   seangak@naver.com
블 로 그   https://blog.naver.com/seangak

I S B N   978-89-94981-92-5   03320

생각을담는집은 다양한 생각을 담습니다.
출판 문의는 생각을담는집 블로그 및 이메일을 통해 가능합니다.